Getreide & Korn

Unser Verlagsprogramm finden Sie unter
www.christian-verlag.de

Produktmanagement: Annika Genning

Textredaktion: Monika Judä

Redaktion Warenkunde: Nina Andres

Register: Franziska Sorgenfrei

Korrektur: Asta Machat

Layout und Satz: Elke Mader und
Studio Fink, Krailling

Umschlaggestaltung: Caroline Daphne Georgiadis, Daphne Design unter Verwendung eines Fotos von Rafael Pranschke, www.foodatelier.de

Repro: Repro Ludwig, Zell am See

Herstellung: Bettina Schippel

Text und Rezepte: Renate Kissel

Fotografie und Foodstyling: Rafael Pranschke,
www.foodatelier.de

Gesamtherstellung Verlagshaus GeraNova
Bruckmann GmbH

Alle Angaben in diesem Werk wurden von der Autorin sorgfältig recherchiert und auf den aktuellen Stand gebracht sowie vom Verlag geprüft. Für die Richtigkeit der Angaben kann jedoch keinerlei Haftung übernommen werden. Für Hinweise und Anregungen sind wir jederzeit dankbar. Bitte richten Sie diese an:

Christian Verlag
Postfach 400209
80702 München
E-Mail: lektorat@verlagshaus.de

Hinweis: Abgebildete Rezepte stehen immer oben auf einer Seite mit mehreren Rezepten

Die Deutsche Nationalbibliothek verzeichnet diese Publikation in der Deutschen Nationalbibliografie; detaillierte bibliografische Daten sind im Internet über http://dnb.d-nb.de abrufbar.

ISBN 978-3-86244-505-9

Getreide & Korn

Das Standardwerk

Küchenpraxis • 150 Rezepte • Warenkunde

Renate Kissel
Fotos Rafael Pranschke

CHRISTIAN

INHALT

Das inhaltsreiche Getreidekorn

Getreide gehören zur Familie der Süßgräser, haben Körnerfrüchte und werden kultiviert. Dazu gehören Reis, Weizen, Mais, Hirse, Roggen, Hafer und Gerste. Der Mensch braucht sie zum Leben, da alle Sorten alles bieten, was gesund und fit macht. Das ganze Getreidekorn ist ein natürlicher Speicher lebenswichtiger Vitamine und Mineralstoffe – eine Quelle der Gesundheit, für unseren Organismus unentbehrlich.

Neben Kohlenhydraten und Protein liefert Getreide Fett, Vitamine der B-Gruppe, Vitamin A sowie E und viele Mineralstoffe, Eisen, Kalium, Phosphor und Magnesium.

Eiweiß, Vitamine und Mineralstoffe befinden sich vor allem in den Randschichten des Korns, während die ungesättigten Fettsäuren, aber auch die übrigen Vitamine sich im Keimling befinden.

Ein weiterer wichtiger Bestandteil sind die Ballaststoffe, diese unverdaulichen Bestandteile pflanzlicher Lebensmittel, die sich ebenfalls in den Randschichten des Korns befinden. Sie sorgen beispielsweise dafür, dass wir viel länger satt bleiben und dass uns Heißhungerattacken gar nicht erst in Versuchung führen. Vollwertgetreide aktiviert dank seines Reichtums an Vitalstoffen den Zellstoffwechsel und die Verdauung.

Diese auf den ersten Blick unscheinbaren Körner halten – unzerstört – lebenswichtige Stoffe jahrelang für uns bereit. Doch sobald sie gemahlen werden, ist es vorbei mit der Haltbarkeit und dem wertvollen Inhalt, der unter dem Einfluss von Sauerstoff anfängt zu oxidieren. So werden Vitamine, Keimöle und die hochungesättigten Fettsäuren in kürzester Zeit zerstört. Leider geht auch der Geschmack verloren, weil die würzigen Aromastoffe verfliegen. Von der Industrie werden deshalb die Kleie (die Schalen der Körner) und der Getreidekeim entfernt, um das Mehl haltbarer – und damit leider auch „wertloser" zu machen.

Das erklärt, warum es so wichtig ist, Getreide möglichst frisch gemahlen oder sogar unzerkleinert in die Zutatenliste für unsere Mahlzeiten aufzunehmen. In vielen Bioläden und Reformhäusern werden zahlreiche Getreidesorten in guter Qualität angeboten – Sorgen, dass sich darin Verunreinigungen wie Steinchen oder Ähnliches befinden könnten, sind unbegründet. Wer aber unsicher ist, kann Stichproben machen.

Natürlich ist der Gehalt an Vitaminen, Mineralstoffen & Co. in den einzelnen Getreidesorten unterschiedlich, ebenso auch der Geschmack. Darum ist es sinnvoll und ein kulinarisches Vergnügen, die Vorzüge aller Arten zu nutzen – was die Ernährung sehr abwechslungsreich macht.

Wer beginnen will mit den Körnerköstlichkeiten, die in diesem Buch geboten werden, der sollte über den Kauf einer Getreidemühle nachdenken. Sie liefert täglich frisch gemahlenes Getreide für das Frühstücksmüsli, für herzhafte Suppen, lockere Pfannkuchen, knusprige Aufläufe, gesunde Hauptgerichte und köstliche Desserts.

Kamut (links) eignet sich gut zum Backen, da es viel Klebereiweiß enthält.

WARENKUNDE

Weizen

Die Wildformen Emmer, Einkorn und Zwergweizen sind die „Eltern“ des Weizens, aus ihnen wurde im Lauf der Zeit der Weizen gezüchtet, wie wir ihn heute kennen. Weil er so mild schmeckt, hat er die „ursprünglichen“ Getreide, wie Gerste, Hirse und Roggen, die schon vor Tausenden von Jahren angebaut wurden, immer mehr verdrängt. Wegen seines hohen Anteils an Klebereiweiß ist er am besten für alle Arten von feinem Backwerk geeignet.

Weizen ist wegen seines ausgewogenen Gehalts an Vitalstoffen und seinen guten Backeigenschaften das wichtigste Getreide weltweit.

Aber nur der „ganze Weizen“ tut uns wirklich gut. Er enthält besonders viel Eisen, Kalium, Phosphor und Magnesium. Der Keim ist reich an den Vitaminen B1, A und E. Der Fettgehalt ist gering.

Hart- und Weichweizen

Verwendet werden Hartweizen, auch Durumweizen genannt, und Weichweizen. Hartweizen, ein Sommergetreide, hat einen geringeren Eiweiß-, dafür aber einen höheren Kohlenhydratanteil. Er wird vorzugsweise für Teigwaren, wie z. B. Nudeln, verwendet. Auch Couscous und Bulgur werden daraus gemacht (siehe Seite 16).

Weil wir alle so gerne Nudeln und andere Teigwaren essen, reicht der hier angebaute Hartweizen für den Bedarf nicht aus und muss eingeführt werden, hauptsächlich aus Südeuropa. Er braucht Wärme bzw. ein mildes Klima, um sich für unsere Ansprüche voll entfalten zu können.

Weichweizen wird im Sommer und Winter angebaut, enthält mehr Gluten. Dieses sogenannte Klebereiweiß, das in fast allen Getreiden vorkommt, macht den Weichweizen und sein Mehl so ideal für Backwaren. Wenn Weizenmehl mit Wasser verarbeitet wird, sorgt das Gluten dafür, dass die Masse elastisch wird, was ja gerade für Kuchenteige und feines Gebäck, für Brot- und Pizzateige sehr wichtig ist.

Mehl und seine Typen

Die wertvollsten Inhaltsstoffe des Weizens liegen wie bei allen Getreidesorten direkt unter der Schale und im Keim. Daher ist Weizenvollkornmehl – möglichst selbst gemahlen – wesentlich wertvoller als Auszugsmehl.

Wer Mehl kauft, fragt sich vielleicht, was die Typenbezeichnung bedeutet. Es ist ganz einfach: Je höher die Zahl, desto inhaltsreicher ist das Mehl. Die Bezeichnung sagt übrigens nichts aus über die Feinheit des Mehls, sondern gibt in Milligramm den Aschegehalt des Mehls pro 100 Gramm Mehl an. Um diesen herauszufinden, werden 100 Gramm Mehl verbrannt, wobei die Mineralien als Asche zurückbleiben. Die Asche wird gewogen und dieser Wert ist dann die Typenbezeichnung des Mehls. Das bedeutet: Mehl Type 405 enthält 405 Milligramm Mineralstoffe pro 100 Gramm und Mehl Type 1050 ebenso viele Milligramm Mineralstoffe pro 100 Gramm.

In Österreich gelten diese DIN-genormten Typenbezeichnungen nicht. Dort werden die verschiedenen Sorten durch die Hinweise „glatt", „universal", „griffig", „doppelgriffig" unterschieden. Die Bezeichnungen sind leicht nachvollziehbar, denn die unterschiedlichen Ausmahlgrade lassen sich tatsächlich erfühlen: Beim griffigen Mehl kann man die einzelnen Mehlpartikel zwischen den Fingern spüren und das doppelgriffige Mehl hat eine noch deutlicher fühlbare Körnung.

In der Schweiz wird Mehl nach dem Ausmahlungsgrad unterteilt: Weißmehl entspricht unserer Type 405, Halbweißmehl ist etwas dunkler und entspricht unserer Type 550 und das sogenannte Ruchmehl ist ein dunkles Weizenmehl, das in etwa unserem Mehl mit der Type 1050 entspricht.

Der italienische Pizzabäcker braucht ein ganz besonderes Mehl, Weizenmehl Type 00 bzw. „Tipo 00". Es enthält viel Klebereiweiß (zwischen 12,5 und 14 Prozent), was den Pizzateig so schön elastisch macht und gut schmeckt. Es ist in den meisten italienischen Feinkostläden hierzulande oder natürlich über das Internet erhältlich.

Im Prinzip gibt es inzwischen für jedes Ernährungsbedürfnis oder -problem ein besonderes Mehl. So können Sie inzwischen sogar spezielles Stollenmehl, Waffelmehl, Kräckermehl, Mehl für mediterrane Produkte und vieles mehr kaufen.

Was hinter den (Weizen-) Typenbezeichnungen steckt

Type 405
Haushaltsmehl, wird für Kuchen und Gebäck verwendet

Type 550
Mehrzweckmehl, wird für feinporige Teige verwendet, hat eine gute Klebereigenschaft

Type 812
besonders geeignet für helle Brote

Type 1050
geeignet für Mischbrote

Type 1600
geeignet für dunkle Mischbrote

Type 1700
Weizenbackschrot ohne Keimling

Vom vollen Korn zu Schrot und mehr

Das mühsame Zermahlen der Getreidekörner zwischen Steinen, wie es vor etwa 75 000 Jahren nachgewiesenermaßen üblich war, ist um etwa 3000 v. Chr. mit der Erfindung von Mühlstein und Wasserrad erleichtert worden. Die Römer konnten schon unterschiedliche Mehlsorten herstellen – und dabei galt: Je heller das Mehl, desto teurer. Und es war damit, wie zu Zeiten Marie Antoinettes in Frankreich, ein Produkt für die Wohlhabenden und Reichen. Immer bequemer wurde die Mehlproduktion. Windmühlen wurden gebaut und Dampfmaschinen entwickelt. Stahlwalzen lösten die Mühlsteine ab – das Mahlverfahren wurde immer weiter verbessert. Mehlkörper, Kleie und Keim konnten getrennt werden.

Beim Mahlprozess wird der Mehlkörper von Schalenteilen und Keimling getrennt. Damit wird zwar eine längere Haltbarkeit erzielt, weil der Keimling relativ fettreich ist, das Mehl kann also nicht ranzig werden. Der Nachteil ist aber: Es verliert durch diesen Prozess (je feiner gemahlen wird desto mehr) viel von seinen wertvollen Inhaltsstoffen, insbesondere seine B-Vitamine, Mineralstoffe wie Eisen und Kalium sowie die so wichtigen Ballaststoffe.

Ausmahlungsgrad und Feinheitsgrad

Beim Ausmahlungsgrad geht es um die Menge, die man vom zu verarbeitenden Getreide produzieren kann. Werden aus 100 Kilogramm Getreide 100 Kilogramm Mehl hergestellt, weil nichts getrennt oder ausgesiebt wird, entspricht das einem Ausmahlungsgrad von 100 Prozent. Und damit ist das Getreide „hochausgemahlen". Das am häufigsten verwendete Mehl der Type 405 (siehe Seite 11) ist demnach „niedrigausgemahlen". Der Ausmahlungsgrad dieses Mehls liegt bei 50 Prozent, was heißt, dass aus 100 Kilogramm Getreide nur 50 Kilogramm Mehl erzeugt werden.

Bei den Feinheitsgraden wird unterschieden nach Mehl, Dunst, Grieß, Grießkleie, Schrot, Grütze und Graupen. Daneben gibt es noch Flocken.

Dunst hat einen Feinheitsgrad, der zwischen Mehl und Grieß liegt. Dunst ist von Schalen und Keimling befreit.

Grieß zeigt noch ein deutlich erkenn- und fühlbares Korn, wird hauptsächlich für Babynahrung, Breie, Desserts und Klöße/Knödel verwendet.

Schrot gibt es auch in unterschiedlichen Feinheitsgraden von fein bis grob und dient vor allem der Brotproduktion.

Grütze entsteht im „Grützschneider", das heißt, dass das Getreide nicht gewalzt wird. Nach der Reinigung wird es in feine, mittlere oder grobe Grütze zerschnitten.

Graupen sind geschälte, polierte Gersten- oder Weizenkörner mit einer länglich-runden Form.

Flocken sind gepresste Getreidekörner, die aus allen Getreidearten hergestellt werden können. Die entspelzten Körner werden erst gedämpft und dann zwischen Steinen zu Flocken gepresst. Damit sie haltbar sind, werden sie hitzebehandelt, wodurch sie viele ihrer wertvollen Inhaltsstoffe verlieren.

Auf dem Bild zu sehen sind:

1 Weizenperlgraupen
2 grob gemahlene Weizenkörner
3 Weizenvollkornmehl
4 Weizen
5 Weichweizengrieß
6 Weizenmehl
7 Weizenähren
8 Hartweizengrieß
9 grob gemahlener Kamut
10 Kamut
11 Dinkel, geschliffen

Die Vermahlung von Getreide

Von der Schaufel im Uhrzeigersinn: Buchweizen-, Weizen-, Dinkel-, Vollkornweizen-, Vollkornroggen- und Maismehl in der Mitte

Die Typenbezeichnung des Mehls hat also durchaus auch mit dem Ausmahlungsgrad zu tun. Je höher dieser ist, desto höher ist der Gehalt an Mineralstoffen. Je höher also die Typenzahl ist, desto wertvoller ist das Mehl. Dies gilt nicht nur für Weizenmehl. Auch für Dinkel- und Roggenmehl gibt es Typenbezeichnungen (siehe Kasten).

Außer beim Vollkornmehl, bei dem das ganze Korn zu Mehl gemahlen wird, wird bei der Vermahlung von Getreide je nach Ausmahlungsgrad ein Großteil der wertvollen Bestandteile entfernt, um das Mehl möglichst fein und lagerfähig zu machen. Die übrigen Bestandteile werden aber getrennt weiterverwertet:

Keime enthalten alle Inhaltsstoffe des vitaminreichen „Herzens" des Korns und sind für unsere Gesundheit besonders wertvoll. Sie werden bei Vermahlung des gereinigten Korns gewonnen.

Keimöl wird aus den Keimen des Korns schonend gepresst. Das Öl des Weizens enthält 200 bis 300 Milligramm Vitamin E pro 1000 Milliliter Öl, das ist mehr als alle anderen Speiseöle. Vitamin E ist ein wirksames Antioxidans, das vor freien Radikalen schützt.

Kleie besteht aus den Randschichten des Korns. Die ballaststoffreiche Kleie fällt beim Ausmahlen und Sieben an. Aus fast allen Getreiden, also auch Roggen, Hafer oder Dinkel, wird Kleie produziert und angeboten.

Typenbezeichnungen für Dinkel- und Roggenmehl

Roggenmehl
ist mit den Typenbezeichnungen 815, 997, 1150, 1370, 1740 und 1800 erhältlich (siehe auch Seite 22).

Dinkelmehl
findet man mit den Typen 630, 812 und 1050.

Vollkornmehle
haben keine Typenbezeichnung, weil sie immer zu 100 Prozent ausgemahlen werden, das heißt, das ganze Korn wird vermahlen.

Getreide selber keimen

Eine leicht zu produzierende Gesundheitsquelle sind Getreidekeime, die aus wirklich jedem Korn (und natürlich auch direkt aus Samen) selbst gezogen werden können. Sprossen können auch frisch oder konserviert im Handel gekauft werden, doch die eigene Anzucht ist spannend und einfach. Die Samen bzw. Körner sollten aus kontrolliert biologischem Anbau stammen. Besonders im Winter sind selbst gezogene Keime eine wertvolle und relativ schadstofffreie Vitaminquelle, da sich während des Keimens der Vitaminanteil erhöht.

Der Handel bietet zwar viele spezielle Geräte für das Keimen an, wirklich notwendig für die eigene Zucht sind sie aber nicht. Glasgefäße mit relativ großer Öffnung, die gründlich gereinigt wurden, genügen vollkommen. In die Gläser wird angefeuchteter Zellstoff oder Watte gelegt. Die Samen in Wasser einweichen und anschließend unter fließendem Wasser abspülen und auf den Zellstoff bzw. die Watte legen. Ein- bis zweimal täglich die Samen durchspülen. Nun kann man die Samen beim Keimen beobachten und schon nach zwei bis drei Tagen die Sprossen „ernten". Vor dem Verzehr müssen sie aber immer abgespült werden.

Bei manchen Samen wachsen während des Keimens feine Wurzelhaare, die aber harmlos und nicht mit Schimmel zu verwechseln sind.

Bulgur, Couscous, Kamut

Bulgur

Sicher hat man sich oft gefragt, wenn man Tüten mit dieser Aufschrift sah, was das eigentlich ist und was man daraus macht. Der Name hört sich ja ziemlich orientalisch an, und in der Tat ist Bulgur in vielen Gebieten des Orients ein Hauptnahrungsmittel. Dort wird er, wie Reis, als Beilage gereicht. Weil Bulgur kaum einen Eigengeschmack hat, lässt er sich gut mit Kräutern und Gewürzen verfeinern und passt so gut zu Lamm- und anderen Fleischgerichten. Aber auch für Suppen, Salate oder Desserts ist er ganz einfach einsetzbar.

Zu den wohl bekanntesten Gerichten aus Bulgur gehört Tabouleh aus dem Libanon.

Ein Kalorienbömbchen?

100 Gramm des ungegarten Bulgurs enthalten etwa 350 Kalorien. Ist er aber gequollen, sind es nur noch etwa 100 Kalorien. Da dieses Getreide wie viele andere wegen des hohen Gehalts an Ballaststoffen sehr sättigend ist, sollte man es unbedingt in den Speisenplan aufnehmen; selbst im Rahmen einer Diät ist es sehr empfehlenswert.

Nährstoffschonende Herstellung

Bulgur wird aus Hartweizengrieß produziert. Der wird eingeweicht, dann über Dampf gegart, getrocknet und unterschiedlich fein gemahlen. Der große Vorteil dieser Herstellungsweise: Bulgur behält seine wertvollen Inhaltsstoffe. Auch die kurze Einweichzeit beim Zubereiten ist ein Vorteil, da Bulgur ja bereits bei der Herstellung gegart wurde. Er nimmt beim Einweichen viel Wasser auf und vergrößert seinen „Umfang“.

Bulgur ist so wertvoll wegen seiner B-Vitamine, des Vitamin E und seiner Mineralstoffe Kalzium, Magnesium und Phosphor. Weil er, wie Weizen, aus dem er ja produziert wird, auch viel Gluten enthält, ist auch dieses Produkt für Zöliakie-Patienten (Menschen, die unter einer Gluten-Unverträglichkeit leiden) leider nicht empfehlenswert.

Couscous

Auch dieses Korn macht zumindest neugierig. Aus der afrikanischen Küche, vor allem Algerien, Tunesien und Marokko, ist dieses Gericht nicht wegzudenken. Und nicht aus Frankreich, in dem die Einwanderer es bekannt gemacht haben. Das Produkt, aus dem dieses Gericht zubereitet wird, heißt ebenfalls Couscous.

Bulgur (rechts) und Couscous sind Geschenke des Vorderen Orients. Dort gehören sie zu den traditionellen Speisen.

Die Produktion von Couscous

Wie Bulgur wird Couscous aus Weizengrieß (manchmal aber auch aus Gersten- oder Hirsegrieß) produziert. Das Getreide wird gemahlen und in Wasser eingeweicht, dann zu kleinen Kügelchen geformt und getrocknet. Es sollte dann nur noch über Wasserdampf gegart werden, damit es weich und körnig bleibt.

Früher wurden die kleinen Teigkügelchen in einer Couscousière hergestellt. Im unteren Topfteil köchelte eine Brühe, in dem Siebeinsatz oben wurde der Couscous gedämpft. Couscous ist als Instantprodukt fast überall in Supermärkten und Bioläden bei uns zu finden. Der große Vorteil: Er muss in heißem Wasser nur kurz quellen, um dann in Suppen, Salaten, Aufläufen oder Desserts einsetzbar zu sein. Besser als das Instantprodukt schmeckt aber der traditionell hergestellte Couscous.

Kamut

Kamut ist keine botanische Bezeichnung, sondern der als Warenzeichen eingetragene Produktname für die Weizensorte Q 77. Man vermutet, dass es sich um eine natürliche Kreuzung aus Hartweizen und Polnischem Weizen handelt. Angebaut wird Kamut hauptsächlich in Nordamerika und Südeuropa.

Über die Herkunft des Namens wird gerätselt. Tatsache ist, dass 1990 das Wort „Kamut" in den USA als geschützte Marke eingetragen, aber schon von 1980 an vermarktet wurde.

Die Kamutkörner sind fast doppelt so groß wie die von Weizen. Kamut bietet viel hochwertiges Eiweiß, Mineralstoffe, insbesondere Magnesium und Kalium, Vitamine und ungesättigte Fettsäuren. Es enthält aber auch viel Gluten, wodurch es sich wunderbar zum Backen eignet.

Der Unterschied zwischen Bulgur und Couscous

Er liegt vor allem in den Zubereitungsschritten bei der Produktion. Der Grieß für Bulgur wird erst gequollen, dann gedämpft, getrocknet und anschließend zu feiner oder grober Grütze verarbeitet. Couscous dagegen wird erst gemahlen, dann gequollen. Erst die daraus geformten Kügelchen werden getrocknet.

Weizengrieß wird für Teigwaren und Aufläufe (grob gemahlen) und für Süßspeisen (fein gemahlen) verwendet.

Dinkel

Dinkel ist eine überaus alte Kulturform des Weizens und hervorgegangen aus den Urweizenarten Einkorn und Emmer. An seinen langen, schlanken, leicht gebogenen Ähren sitzen von Spelzen fest umschlossene Körner. Wie alle Spelzgetreide ist auch die Verarbeitung des Dinkels arbeitsaufwändiger, da Spelzgetreide nach dem Dreschen entspelzt werden muss. Bei sogenanntem Nacktgetreide, wozu Weizen, Roggen und Mais zählen, fallen die Körner beim Dreschen aus den harten Spelzen heraus.

Robust und anspruchslos

Nachweislich haben schon die alten Ägypter, Kelten und Alemannen dieses robuste, ziemlich anspruchslose Getreide kultiviert. Namen wie Dinkelscherben oder Dinkelsbühl lassen darauf schließen, dass es früher dort angebaut wurde und weit verbreitet war. Das Anbaugebiet Baden-Württemberg ist für den Namen „Schwabenkorn" verantwortlich. Wie andere Sorten wurde er vom ertragreicheren Weizen verdrängt. Doch wie andere alte Getreidearten wird auch Dinkel wieder angebaut, denn im Prinzip ist er pflegeleicht. Er übersteht harte Winter gut und ist kaum anfällig für Schädlinge. Dinkel ist übrigens ein Segen für Menschen, die auf Weizen allergisch reagieren, was aber leider nicht gilt für Menschen, die unter Zöliakie (eine Gluten-Unverträglichkeit) leiden. Schon Hildegard von Bingen war von seinen Eigenschaften überzeugt und lobte die positive Wirkung gegen Krankheiten.

Wertvoll und köstlich

Bedeutend sind seine wertvollen Inhaltsstoffe, weil das Korn viel Eiweiß, Kalium, Phosphor, Kieselsäure und Eisen enthält. Wegen des hohen Klebereiweißgehaltes hat es auch sehr gute Backeigenschaften. Brote und Gebäck aus Dinkelmehl haben einen kräftigen, nussartigen Geschmack – wie Weizen kann Dinkel zum Kochen und Backen verwendet werden. Am besten schmeckt und gelingt eine Kombination aus halb Weizen, halb Dinkel. In den Regalen der Supermärkte ist er nun schon oft zu finden und ist, so heißt es, inzwischen eines der beliebtesten Brotgetreide.

Dinkelmehl

Bei der Klassifizierung der Mehltypen unterscheiden wir die Type 630, das hellste Dinkelmehl, das etwa dem Allzweck-Weizenmehltyp 405 entspricht. Die Type 1050 ist ein Mittelding zwischen dem hellen Dinkelmehltyp und dem Dinkelvollkornmehl. Dinkelvollkornmehl selbst hat keine Typenbezeichnung. Es eignet sich hervorragend für herzhafte Backwaren und Dinkel-Vollkorngebäck. Auch Bulgur und Couscous, Flakes und Flocken werden aus Dinkel hergestellt.

Grünkern

Grünkern ist unreif geernter Dinkel, der auf speziellen Darren geröstet wird, wodurch er ein ganz besonders würziges, rauchiges Aroma bekommt und außerdem länger haltbar wird. Ursprünglich wurde Dinkel wohl frühzeitig geerntet, um ein Verderben der Ernte bei Schlechtwetterperioden zu verhindern.

Grünkern muss nach dem Röstvorgang entspelzt werden und ist dann ein beliebter Zusatz für Suppen, Saucen, Bratlinge und Aufläufe. Zum Backen ist er nicht geeignet.

Dinkelreis

Dinkelreis ist keine eigene Getreidesorte, sondern eine Weiterverarbeitung von Dinkel. Das Dinkelkorn wird entspelzt und geschliffen, wodurch es reisähnlich wird. Dinkelreis ist wie „herkömmlicher" Dinkel zu verarbeiten und zu genießen.

Emmer

Emmer, der Vorfahre unseres Weizens, wird auch Amelkorn oder Zweikorn genannt und gehört zu den ältesten kultivierten Getreidearten überhaupt. Man vermutet, dass der Ursprung dieses Getreides im Nahen Osten liegt. Wilder Emmer ist in der Südosttürkei, in Syrien, im Libanon, in Jordanien, Palästina, Israel und im östlichen Irak sowie im Iran zu finden.

Herzhafter Geschmack

Emmer ist eiweiß- und mineralstoffreich, bietet aber weniger Klebereiweiß. Emmergebäck schmeckt herzhaft und nussig. Die gekochten Körner sind eine Bereicherung für Suppen, Aufläufe oder Salate. Und trinken kann man Emmer auch: Er wird für die Herstellung eines würzigen und dunklen Biers eingesetzt.

Renaissance eines alten Produkts

Lange vergessen, wächst allmählich das Interesse an dieser und anderen alten Sorten von Spelzgetreide – trotz der aufwändigeren Verarbeitung – wieder. In Baden-Württemberg wurde beispielsweise ein „Arbeitskreis Spelzgetreide“ gegründet, um das Interesse daran zu wecken und den Anbau zu fördern. Mitglieder sind mehrere Müller und Nudelproduzenten.

Im österreichischen Waldviertel wird Emmer angebaut und in Bioläden verkauft. In der Schweiz, in Schaffhausen und im Züricher Weinland erlebt der Weiße Emmer eine Renaissance. Dort wird er seit etwa 20 Jahren wieder angebaut – und kann in Form von Spezialbroten, Teigwaren, Schwarzbier und Schnaps genossen werden.

In jedem Fall aber ist das Emmerkorn eine Besonderheit, die einen kulinarischen Test wert ist.

Eine kleine Spezialität

Da die Körner des Emmer als Spelzgetreide von einer festen Hülle umschlossen sind, ist er besonders gut vor schädlichen Einflüssen geschützt und lässt sich auch – noch nicht entspelzt – lange lagern. Die Verarbeitung wird durch das Entspelzen aber langwieriger. Im Vergleich zum Weizen mit 80 Prozent liegt der Ertrag von Emmer bei 19–35 Prozent. Was die Kultivierung angeht, ist die Pflanze aber anspruchslos und gedeiht auch auf nährstoffarmen, mageren Böden.

Emmer eignet sich besonders gut für Brot und Gebäck, denen er eine dunkle Farbe und ein würziges Aroma verleiht.

Einkorn

Rechts: Nur der Mais wird sich einer handelsüblichen Getreidemühle widersetzen; Gerste (Mühle) und Roggen (vorne links) sind gut verarbeitbar.

Auch dieses Korn führt uns zurück in die Geschichte der Ureinwohner. Vermutlich ist diese Züchtung aus einer Wildgrasart schon von Babyloniern und Ägyptern 4000 v. Chr. angebaut worden. Aber auch in der Türkei, im Kaukasus und Libanon wird ein früher Anbau vermutet. Das einzelne Korn auf der Ährenspindel hat zu dem Namen „Einkorn" geführt.

Anspruchslos und unempfindlich

Wie das Emmerkorn ist es anspruchslos und frosthart. Weil aber Anbau und Verarbeitung viel aufwändiger sind als von Weizen, ist die Produktion fast zum Erliegen gekommen. Erfreulicherweise besinnt man sich aber in Deutschland, in der Schweiz, im Waldviertel Österreichs und in der Türkei auf dieses wertvolle Getreide und baut es wieder an. Beweise dafür sind Produkte wie Nudeln, Brot und Bier, die aus Einkorn hergestellt und angeboten werden. Und sehr gut schmecken!

Einkorn zählt zu den ältesten Getreidearten und dient schon seit Jahrtausenden als wertvoller Energielieferant.

Ein kleines Kraftpaket

Wertvolle Inhaltsstoffe zeichnen dieses Getreide vor anderen aus. Weil es 50 Prozent mehr Proteine im Vergleich zu Weizen enthält, sättigt es besser. Der Betacarotin-Gehalt ist ebenfalls um das Mehrfache höher, was den Augen und dem Immunsystem gut tut. Seine vielen ungesättigten Fettsäuren sorgen für Gesundheit und Wohlbefinden. Und dann ist es noch reich an Mineralstoffen und Spurenelementen wie Magnesium, Zink, Eisen, Kupfer und Mangan. Davon enthält es mehr als Reis oder Weizen. Dieses kleine, leicht verdauliche Kraftpaket soll auch dazu beitragen, das Risiko u. a. für Herz-Kreislauf-Erkrankungen und Diabetes zu senken, und ist eine gute Alternative für alle, die unter einer Weizenallergie leiden.

Einkorn für Einsteiger

Wer bisher vor Vollkorngetreide und allem, was daraus zubereitet werden kann, einen großen Bogen machte, könnte mit dem Einkorn einen Einstieg wagen. Und im wahrsten Sinn des Wortes seine helle Freude haben. Das gelbliche Mehl – Grund für die Farbe ist der bereits genannte hohe Carotingehalt – macht Brot und Brötchen besonders hell und fein, Kuchen und Torten unwiderstehlich gut. Es lässt sich leicht verarbeiten und schmeckt am allerbesten, wenn es mit Weizen im Verhältnis 50:50 gemischt wird.

Roggen

Roggen stammt vom Bergroggen ab, einer ausdauernden Wildroggenart, deren Heimat man in Kleinasien vermutet. Wir wissen heute, dass schon die Kelten, Germanen und Slawen Roggenbrot aßen – schließlich war Getreide das wichtigste Lebensmittel unserer Vorfahren. Die Römer lehnten dieses braune Brot der „Barbaren“ als ungenießbar ab, fanden es magenschädlich und minderwertig.

Der Roggen hat sich aber trotzdem durchgesetzt, vor allem, weil er auch auf kargeren Böden und in nördlichen Gegenden gedeiht, wo kein Weizen mehr wächst.

Roggenbrot macht fit und schön

Vollkorngetreide ist der beste Lieferant für Vitamine, Spurenelemente und Mineralien. Roggen enthält besonders viel Vitamin E, das der Hautalterung vorbeugt und zellschädigende Stoffe eliminiert. Das Spurenelement Kupfer fördert die Produktion von Collagen und Elastin, was die Haut festigt und für jugendliches Aussehen sorgt.

Zu den größten Produzenten gehören heute Russland, Polen und Deutschland – und wenn er auch hauptsächlich als Tierfutter verwendet wird, ist er hierzulande doch auch ein sehr geschätztes Brotgetreide. Roggenbrot ist dunkler und kompakter als Weizenbrot und bleibt länger frisch, weil es im Gegensatz zu anderen Broten nur langsam austrocknet. Angeboten werden die ganzen Körner, aber auch Mehl in verschiedenen Ausmahlungsgraden sowie Flocken, Schrot und Grieß. Seit Langem wird auch Alkohol daraus hergestellt, Wodka in Russland, Whisky in Kanada und Korn bei uns.

Roggen enthält viel Kalium, Eisen, Phosphor, Folsäure und Kieselsäure sowie B-Vitamine und Vitamin E. Der Eiweißgehalt ist etwas niedriger als beim Weizen, dafür aber hochwertiger. Der Anteil an Ballaststoffen ist sehr hoch. Der würzige, kräftige Geschmack wird in Vollkornbroten sehr geschätzt, aber auch in vielen pikanten Gerichten.

Roggen enthält zwar weniger Gluten, also Klebereiweiß, als Weizen und andere Getreidearten, wird aber von Menschen, die unter einer Unverträglichkeit leiden, trotzdem nicht gut bis gar nicht vertragen.

Hauptsächlich wird Roggen für kernige, delikate, lang haltbare Sauerteigbrote verwendet.

Hafer

Es gibt zwei Arten des Hafers. Vornehmlich wird Saat-Hafer angebaut. Er dient zur Nahrungs- und Futtermittelherstellung und muss nach dem Dreschen entspelzt werden. Geschälten Spelzenhafer kann man als „Haferkerne" kaufen, die jedoch nicht mehr keimfähig sind, weil sie durch das Schälverfahren geschädigt werden. Empfehlenswerter sind die Körner des Nackthafers – die zweite Art des Hafers –, der aber leider weniger häufig angebaut wird.

Ein wahrer Gesundbrunnen

Hafer wird aus vielerlei Gründen geschätzt. Neuere Untersuchungen bestätigen, dass Hafer die körperliche und geistige Leistungsfähigkeit steigern und sogar stimmungsaufhellend wirken kann. Und das wundert nicht bei den vielen wertvollen Inhaltsstoffen.

Von allen Getreidearten hat Hafer den höchsten Gehalt an Polyensäuren (essenzielle Fettsäuren), Eiweiß, Kieselsäure, Kalzium, Phosphor und Fluor. Dazu noch die Vitamine B_1, B_2 und B_6 und das äußerst selten vorkommende Biotin, das auch als B_7 oder, veraltet, als Vitamin H bezeichnet wird. Das sorgt für schöne Haut und glänzendes Haar. Auf Diabetes soll eine Haferdiät einen positiven Einfluss haben, Magen- und Darmbeschwerden lindern können. Im 19. Jahrhundert empfahl Pfarrer Kneipp Heilbäder aus Abkochungen mit dem kieselsäurereichen Haferstroh bei Gelenkleiden und Rheuma. Somit kann man Hafer wohl mit Recht als wahres Wundermittel bezeichnen. 30 Gramm täglich sollten von dieser hochwertigsten aller Getreidearten verzehrt werden, empfiehlt die Deutsche Gesellschaft für Ernährung.

Haferflocken

Haferflocken kennt jedes Kind, in allen Müslis sind sie vertreten. Sie sind auch Bestandteil des bekannten Porridge, des englischen Haferbreis, der dort zum Frühstück gehört wie bei uns das Brötchen oder das Brot. Zum Backen ist Hafer weniger geeignet, weil er kein Klebereiweiß enthält.

Weil das Getreidekeimöl des gequetschten Korns leider schnell ranzig wird, müssen Haferflocken erhitzt werden, um sie haltbar zu machen. Dadurch gehen die gelobten Wirkstoffe zum Teil verloren. Wer die gesunden Inhaltsstoffe unbehandelt genießen möchte, sollte über den Kauf einer Flockenquetsche (siehe Seite 26) nachdenken. Damit kann man ganz einfach seinen Bedarf täglich frisch und schnell produzieren.

Hafer zählte früher zu den Grundnahrungsmitteln in Nordeuropa. Heute schätzen wir vor allem seine Flocken im Müsli.

Gerste

Die Gerste ist eine seit sehr Langem bekannte Kulturpflanze. Auch sie gibt es als Spelz- und Nacktgetreide. Wie von vielen Getreidearten wird auch ihr Ursprung im Himalaya vermutet. Als Brei diente sie unseren Vorfahren als bedeutende Nahrung. Heutzutage spielt die Gerste aber für die Bierbrauerei eine Hauptrolle.

Gerste zeichnet sich besonders durch ihren Reichtum an Mineralstoffen aus, insbesondere Kalium, Phosphor und Magnesium. Je 100 Gramm Gerste enthalten etwa 11 Gramm Eiweiß und knapp 10 Gramm Ballaststoffe. Letztere sollen dazu beitragen können, den Cholesterinspiegel zu senken. Gerste bietet zwar wenig Gluten, sollte sicherheitshalber aber von allen, die auf dieses Klebereiweiß allergisch reagieren, gemieden werden.

Die Gerste in der Küche

Wegen des geringen Anteils an Klebereiweiß eignet sich Gerste zwar schlecht zum Backen, aber geschrotet und gemahlen ganz vorzüglich zum Kochen. Wer unbedingt Gerste in seinen selbstgebackenen Produkten haben möchte, kann Gerstenmehl mit anderen Mehlen mischen. Das tibetische Grundnahrungsmittel Tsampa wird aus biologisch-dynamisch angebauter Gerste hergestellt. Weil durch den Bearbeitungsprozess von Graupen viele Inhaltsstoffe verlorengehen, sind diese für alle, die sich ganz und gar vollwertig ernähren wollen, nur bedingt geeignet.

Malz

Nicht nur für den beliebten Gerstensaft ist Malz ein essenzieller Bestandteil, auch für Backmalz und Malzkaffee wird es benötigt. Bei der Mälzung wird Gerste (oder anderes Getreide) gekeimt und getrocknet. Aus dem Gerstenkorn entsteht so Malz.

Für Backmalz wird Malz nach dem Trocknen geröstet und gemahlen. Backmalz hilft Hefezellen bei ihrer Vermehrung, beschleunigt also die Gärung und verbessert die Teigbeschaffenheit. Backmalz sorgt für die dunkle Farbe mancher Brote und einen angenehmen Geschmack. Für Malzkaffee wird die Gerste geröstet. Malzkaffee ist eine Alternative für alle, die keinen Bohnenkaffee trinken dürfen.

Das mit Abstand bekannteste Produkt ist natürlich das Bier: Die Braugerste für die Bierproduktion wird im Frühjahr gesät. In Mälzereien werden die Körner zu Malz verarbeitet, geschrotet und für das Bierbrauen verwendet.

Gerste und Bier – das gehört einfach zusammen. Aus Gerste lassen sich aber auch köstliche Suppen, Eintöpfe und Salate zaubern.

Hirse

Diese Kulturpflanze mit ihren sehr kleinen Körnern gehört zu den ältesten bekannten Getreiden überhaupt. Der Name Hirse stammt aus dem Altgermanischen und ist abgeleitet von einem indogermanischen Wort, das für Sättigung und Nahrung steht.

Angebaut wird sie heute vor allem in Asien, Afrika und Südamerika – sie braucht viel Wärme und Sonne für ihre Entwicklung. Die bedeutendsten Vertreter ihrer vielen Arten sind die Rispen- und die Kolbenhirse. Die Kolbenhirse wird als Vieh- und Vogelfutter produziert. Wir Menschen verzehren im Allgemeinen die Rispenhirse.

Gute Eigenschaften

Auch das Hirsekorn ist von Spelzen umgeben, die mechanisch entfernt werden müssen. Trotz dieser Bearbeitung bleibt Hirse ein wertvolles Produkt, weil sich die guten Wirkstoffe im ganzen Korn befinden, nicht in der äußeren Hülle wie beim Weizen. Hirse bietet von allen Arten am meisten Mineralien, vor allem Kieselsäure, die für gesunde Knochen und straffe Haut sorgt. Reichlich sind Magnesium, Kalium, Phosphor, Fluor und Eisen enthalten. Bereits 50 Gramm Hirse genügen, um den Tagesbedarf an Eisen zu decken. Die doppelte Menge genügt für einen ausreichenden Tagesbedarf an Fluor.

Hirse ist leicht verdaulich und schmeckt ausgesprochen gut. Gebäck mit einem kleinen Zusatz von frisch gemahlenem Hirsemehl wird besonders knusprig. Zum eigentlichen Backen eignet sich Hirse nicht, da sie glutenfrei ist.

Vor der Zubereitung sollten die Körner gründlich heiß abgespült werden. Denn durch die industrielle Entspelzung werden aus dem Keim Fettsäuren ausgeschieden, wodurch sie bitter schmecken können.

Zwerghirse / Teff

Das kleinste Getreide der Welt ist ein besonderes Produkt, bekannt unter dem Namen Teff. Es schmeckt nussig und leicht süß. Ganz besonders wertvoll soll es für Ausdauersportler, beispielsweise Marathonläufer, für Vegetarier und Veganer, für Diabetiker und für Zöliakie-Patienten sein, da Zwerghirse absolut glutenfrei ist. Die Körner sind sehr hart, Kern und Schale lassen sich nicht trennen. Daher ist Teff ein reines Vollkornprodukt, auch sein Mehl ist immer Vollkornmehl mit einem nussigen Geschmack.

Hirse, das „Schönheitskorn“, stärkt mit Kieselerde (Silicea) Bindegewebe, Haare und Nägel.

Getreide lagern und bearbeiten

Zu dekorativen Zwecken eignen sich Gläser wunderbar.

Getreide kann auch sackweise ab fünf Kilo direkt beim Bauern, beim Müller oder via Internet erworben werden. Das kostbare Gut mag es dunkel, trocken und relativ kühl. Bei einer Temperatur um die 15 °C fühlt es sich am wohlsten und bleibt am längsten von Ungeziefer und Schimmel verschont. Möglicherweise müssen Körner aus dem Direktverkauf noch nachgetrocknet werden, fragen Sie am besten beim Händler nach, ob das erforderlich ist. Wenn, dann wird das Getreide am besten flach auf einem Holzbrett ausgebreitet und immer mal wieder bewegt.

Regelmäßige Kontrollen sind wichtig

Wenn Sie Getreide vorrätig haben wollen, sollten Sie es in Leinensäcken aufbewahren, die aufgehängt werden können, damit Schädlinge ferngehalten werden. So hält es sich einige Jahre. Der Vorrat sollte aber immer wieder kontrolliert werden. Zur Lagerung sind auch große, gut verschließbare Büchsen aus Metall oder Plastikkanister geeignet. Diese sind wasserdicht, schützen das Getreide vor Licht und Gerüchen. Außerdem können die Körner so problemlos immer wieder bewegt werden, was auch während der Lagerung ratsam ist. In Gläsern – selbst dicht verschlossen – verringert sich die Haltbarkeit ganzer Getreidekörner erheblich.

Wenn Sie wirklich einwandfreies Getreide verwenden wollen, sollten Sie Bio-Getreide kaufen. Möglicherweise etwas teurer, es wird so behandelt – mit garantiert unschädlichen Mitteln –, dass es frei von Unreinheiten, Schimmel und Ungeziefer ist.

Mehl, Flocken und mehr

Die Lagerung von bearbeitetem Getreide, also von Mehl, Flocken oder Ähnlichem, hängt davon ab, wie es verarbeitet wurde. Besonders Vollkornprodukte oxidieren durch ihren hohen Fettgehalt schnell an der Luft und sollten daher luftdicht gelagert werden. Dunkle Mehlsorten sind daher nur sechs bis acht Monate haltbar, gut verpackte helle Mehlsorten dagegen etwa ein bis eineinhalb Jahre. Bei längerer Lagerung werden Fettsäuren abgebaut, das Getreide kann ranzig werden.

Am allerbesten ist es – und das gilt für alle verarbeiteten Getreideformen –, wenn Sie immer nur die Mengen kaufen, die Sie in relativ kurzer Zeit verbrauchen werden. Und wenn Sie sich das Getreide direkt im Geschäft mahlen, quetschen, schroten etc. lassen.

Eine Getreidemühle lohnt sich

Am allerbesten ist es natürlich, wenn Sie Ihr Getreide selbst bearbeiten. Wie schon erwähnt, sind so die Inhaltsstoffe am ehesten noch enthalten. Außerdem können Sie die frischen Körner lagern und umgehen so das Problem, dass Ihnen Mehl ranzig wird. Die Anschaffung einer Getreidemühle kann also sehr sinnvoll sein. Damit können Sie die Körner selbst quetschen, fein mahlen oder schroten.

Die Angebote sind vielfältig und unterscheiden sich natürlich auch im Preis. Es gibt elektrische Mühlen, die Kraft und Zeit sparen. Bei den Mahlwerken unterscheidet man solche aus Stein und solche aus Stahl. Mahlwerke aus Stein sind robust und genügen mit einer stufenlosen Einstellung von grobem Schrot bis zu Mehl allen Haushaltsanforderungen. Mahlwerke aus Stahl werden nur bei Leinsamen und Ölsaaten benötigt. Wenn Sie genau wissen, in welchen Mengen und wofür Sie frisch gemahlenes Getreide benötigen, werden Sie in einem Fachgeschäft sicher gut beraten.

Wer vor allem frische Flocken liebt, für den kann sich auch die Anschaffung einer Flockenquetsche lohnen.

Fido

Pseudogetreide

Pseudogetreide wie Amarant oder Quinoa entwickelten sich nicht aus Süßgräsern, sondern aus Fuchsschwanzgewächsen und werden auch heute noch hauptsächlich in Mittel- und Südamerika angebaut und wegen ähnlicher Inhaltsstoffe dem Getreide zugeordnet.

Vor Tausenden von Jahren wurden sie in Mittel- und Südamerika von Mayas, Azteken und Inkas kultiviert. Die sehr widerstandsfähigen Pflanzen, die auf kargen Böden und in extremer Höhe gedeihen, gehörten neben Bohnen und Mais zu ihren Hauptnahrungsmitteln.

Die kleinen Körner zeichnen sich durch ihre hochwertigen Nähr- und Vitalstoffe aus. Sie enthalten viel Eiweiß von hoher biologischer Wertigkeit, viel Stärke, essenzielle Fettsäuren, einen hohen Eisengehalt und neben Vitamin E auch B-Vitamine – und sind, wie Getreide auch, sehr ballaststoffreich. Ihr großer Vorteil: Sie sind vollkommen glutenfrei und damit eine willkommene Alternative für Zöliakie-Patienten und alle, die auf Gluten allergisch reagieren. Pseudogetreide lassen sich im Verhältnis 20–30 Prozent mit Backmehlen mischen, z. B. mit Weizen- und Dinkelmehl, was bei den meisten Teigarten zu guten Backergebnissen führt.

So allmählich erobern diese Scheingetreide die Bio- und Naturkostläden bei uns. Angeboten werden sie als unbehandeltes Korn, in Flockenform oder als Mehl. Sie werden auch in verarbeiteter Form wie in Müslis, Energieriegeln, in Keksen oder Knäckebrot immer häufiger auftauchen.

Amarant

Amarant, das oft auch als Inkagetreide bezeichnet wird, war für die Ureinwohner Südamerikas so bedeutend, dass es bei Götterverehrungszeremonien eine große Rolle spielte. Im Zuge ihrer Missionierungsbemühungen haben die besitzergreifenden Spanier im 16. Jahrhundert den Anbau unter Todesstrafe gestellt. Diese furchtbare Maßnahme war in der Folge Ursache für den millionenfachen Hungertod der armen Bevölkerung Südamerikas.

Amarant zeichnet sich durch besondere Inhaltsstoffe aus. Die sind so gut, dass es Astronauten als Verpflegung im All mitgegeben wurde. Man hat herausgefunden, dass Amarant den Alterungsprozess hinauszögern und die Gedächtnisleistung verbessern kann. Und man weiß, dass Amarant für enorm viel Energie sorgt und fit macht. Neben Kohlenhydraten sind die ungesättigten Fettsäuren in diesem kleinen Korn bemerkenswert, außerdem der hohe Gehalt an Kalzium, Magnesium und Eisen. Bedeutend sind auch die vielen essenziellen Aminosäuren, vor allem Lysin. Der Vitamingehalt spielt auch eine große Rolle, vor allem die Vitamine B_1, B_2, B_6, Vitamine E und Folsäure.

Verwendet wird Amarant vor allem zum Kochen, im Müsli, für Füllungen oder als Grütze. Amarantmehl eignet sich nur bedingt zum Backen, da es kein Klebereiweiß enthält, aber gemischt mit glutenhaltigem Getreide erzielt man gute Backergebnisse. Gepufft oder gepoppt kann Amarant direkt über Müsli oder Obstsalat gestreut werden. Zu einer Kruste verarbeitet ziert es Fisch- und Fleischgerichte.

Auf dem Bild zu sehen sind:

1 Chiasamen
2 helles Quinoa
3 Buchweizen
4 rotes Quinoa
5 Amarant

Quinoa

Quinoa – 2013 wurde zum UNESCO-Jahr der Quinoapflanze erklärt – gibt es in den Farben schwarz, rötlich und weiß-gelb, am häufigsten erhältlich sind die hellen Körner. Quinoa wird immer gewaschen und geschält, weil die Schalen wegen des hohen Saponingehalts ungenießbar, da bitter sind. Man bemüht sich derzeit aber auch um saponinfreie Züchtungen. Quinoa schmeckt ein wenig wie Sesamsamen. Die Blätter können wie Spinat als Gemüse gegessen werden.

Weil die anspruchslosen Pflanzen wenig Wasser benötigen, versucht man ihren Anbau beispielsweise auch in der Sahelzone, als Mittel gegen die weit verbreitete Hungersnot.

Quinoa enthält besonders viel Eiweiß, welches wiederum alle essenziellen und für uns so wichtigen Aminosäuren enthält. Somit ist es besonders für Menschen, die sich vegetarisch oder vegan ernähren, ein wichtiges Lebensmittel.

Canihua

Canihua ist in seiner Heimat Südamerika ebenfalls ein wichtiges Lebensmittel. Es wurde dort auch als Mittel gegen Höhenkrankheit und zur Linderung von Darminfektionen eingesetzt. Wenn sich die Pflanze im Herbst verfärbt, wird sie gemäht und bleibt auf dem Feld, um zu trocknen. Die Reinigung erfolgt nach dem Dreschen.

Canihua enthält viel Eiweiß, Folsäure, Eisen und wertvolle Ballaststoffe. Für Menschen mit Gluten-Unverträglichkeit ist es ein wichtiger Getreideersatz, da es absolut glutenfrei ist.

Es schmeckt nussartig und ein wenig wie Schokolade. Die gerösteten und zu Mehl vermahlenen Samen werden daher auch gerne in kalte und heiße Getränke gerührt. In einer Mischung mit Getreide kann es zu Brot und Fladen verbacken werden. Möchte man Canihua kochen, nimmt man das ganze Korn. Man lässt es etwa 15 Minuten in kochendem Wasser garen und danach 5 Minuten quellen. Es kann dann als Beilage oder Suppeneinlage verzehrt werden.

Buchweizen

Buchweizen ist auch kein Getreide, sondern gehört zur Familie der Knöterichgewächse. Die dreikantigen Samen erinnern von der Form her an Bucheckern – daher auch der Name –, sind aber viel kleiner. Seine Heimat liegt in Mittelasien. Die

Quinoa (erhältlich in hell, Rot und Schwarz) gedeiht in den Anden in bis zu 4000 Meter Höhe. Die vitalstoffreichen Körner können für süße und pikante Gerichte verwendet werden.

Tataren und die Türken haben ihn von ihren Feldzügen in den Westen gebracht, weshalb er hier auch als „Türkenkorn" oder „Heidenkorn" bekannt ist. Angebaut wird er hauptsächlich auf Heideböden in Norddeutschland, den Niederlanden, Nordrussland und in Frankreich.

Wertvoll ist Buchweizen für unsere Ernährung wegen seiner vielen Mineralstoffe, vor allem Eisen und Phosphor, dazu bietet er auch Kalium, Kalzium, Magnesium, Fluor und Kieselsäure, außerdem die Vitamine B_1, B_2, B_6 und sehr viel Lezithin. Das Buchweizeneiweiß enthält die für uns so wichtige Aminosäure Lysin, die notwendig ist für ein stabiles Knochengerüst und für weitere biochemische Reaktionen. Und da Buchweizen vollkommen frei ist von Gluten, ist er auch für Gluten-Allergiker eine wertvolle Alternative zu anderem Getreide.

Geschälte Buchweizenkörner werden zu Graupen, Grütze, Grieß oder Mehl verarbeitet. Buchweizengrütze quillt stark auf und sättigt sehr. Buchweizencrêpes schmecken wunderbar mit Ahornsirup.

Trotz seiner vielen guten Inhaltsstoffe muss auch darauf hingewiesen werden, dass die Fruchtschale des Buchweizens das schädliche Fagopyrin enthält. Das kann die sogenannte Buchweizenkrankheit auslösen, die empfindlich macht gegen Sonnenlicht und möglicherweise juckende Hautausschläge verursacht. Das gilt natürlich nicht für Buchweizenprodukte, die vom Handel angeboten werden. Die Körner dafür werden immer geschält, bevor sie zu Mehl, Grütze oder Nudeln verarbeitet werden.

Chiasamen

Chiasamen gehören zur Familie der Lippenblütler. Ursprünglich stammt Chia aus Mexiko und wurde schon von den Maya als Energielieferant hoch geschätzt. Sie werden heute aber in ganz Zentral- und Südamerika sowie in Australien angebaut.

Für uns Menschen sind Chiasamen besonders wertvoll wegen ihres hohen Anteils an Omega-3-Fettsäuren, Eiweiß, Antioxidantien, Mineralien und Ballaststoffen. Daher sind sie besonders bei Verdauungsbeschwerden empfehlenswert.

Chiasamen können als Anteil von 5 Prozent zu Brotteigen gegeben werden oder einfach, roh, zu Müsli oder, eingeweicht, in Getränke wie Orangensaft.

Reis

Das „weiße Gold“ ist für mehr als die Hälfte der Menschheit Hauptnahrungsmittel. Von Indien über Südchina breitete sich Reis bis nach Spanien aus und wird heute auch in Südfrankreich und Italien angebaut. Von allen Getreidearten hat Reis den höchsten Energiegehalt, mehr Kalorien und weniger Eiweiß. Reis ist reich an Vitaminen, besonders an B_1, sowie an Mineral- und Ballaststoffen. Dies gilt allerdings nur für Natur- bzw. Vollkornreis. Alle Reisarten sind glutenfrei.

Langkornreis

Die Körner haben meist eine Länge von 6–8 Millimetern und sind, wie der Name vermuten lässt, länglich. Zu seinen vielen Arten gehören der aromatische Basmatireis 2 und Jasminreis bzw. Duftreis 4. Die Samenschale, mit der das gelblich-weiße Reiskorn umhüllt ist, muss maschinell abgeschält werden. Das Silberhäutchen, das sich darunter befindet, bleibt dabei aber ganz. Beim Parboiled-Reis 9 wird es in das Korn beim Dämpfen eingepresst; er enthält mehr Inhaltsstoffe als reiner geschälter Rohreis und ist schneller gar. Natur- oder Vollkornreis 6, bei dem das Silberhäutchen intakt bleibt, ist reich an Eiweiß, Vitamin E und enthält die wichtigsten Vitamine der B-Gruppe. Er steckt voller Kalium, Kalzium, Magnesium und Phosphor. Roter Naturreis 10 ist eine schöne Abwechslung auf dem Teller.

Patna- und Thaibonnet-Reis

Patnareis ist sicher der bekannteste Langkornreis 7. Nach der Ernte wird er geschliffen und poliert, wodurch er die meisten seiner wertvollen Inhaltsstoffe einbüßt. Wer sich wirklich gesund ernähren möchte, sollte für Reisgerichte möglichst immer Naturreis wie etwa Thaibonnet-Reis wählen.

Mittelkornreis – der typische Risotto-Reis

In der norditalienischen Poebene werden die Risotto- Reissorten 3 Arborio, Vialone und Carnaroli angebaut. Carnaroli ist eine italienische Züchtung aus Vialone und einer japanischen Art. Acquerello-Reis ist eine alte, aus dem Piemont stammende Carnaroli- Sorte. Der schwarze Piemontreis ist ein duftender Naturreis.

Rundkornreis

Diese Körner sind nur etwa 4–5 Millimeter klein und rundlich. Weil er viel Stärke enthält, wird er beim Kochen weich und klebrig und sorgt für eine gute Bindung. Zu den wichtigsten Rundkornreisen gehören Milchreis 1, Klebreis 5 oder Risottoreis.

Klebreis

Er ist erst durch die Sushi-Küche etwas bekannter geworden. Weil die Körner beim Kochen aneinander kleben bleiben,

lassen sie sich gut mit Stäbchen aufnehmen. Außerdem lässt er sich leicht und dekorativ formen. Schwarzer Klebreis wird bevorzugt für Süßspeisen oder zu Fischgerichten verwendet.

Wildreis

… ist mit „unserem" Reis weder verwandt noch verschwägert. Es handelt sich um eine Wassergraspflanze, deren Anbau und Ernte sehr mühsam ist, was den hohen Preis für die langen, schmalen, stäbchenförmigen Körner erklärt 8. Echter „Kanadischer Wildreis" ist zunächst grün-braun und dunkelt erst beim Trocknen und anschließenden Rösten nach. Der kalorienarme Reis bietet viel Eisen, Magnesium und Zink.

Mais

Den peruanischen Indianern verdanken wir den Mais, die ihn aus einer Spelzform entwickelt haben. In Mexiko wurde er bereits vor 6000 Jahren kultiviert. Der Balkan, Italien, Frankreich und Spanien sind neben Russland und Amerika die Hauptanbaugebiete des einjährigen Mais. Was in Deutschland angebaut wird, ist meist Futtermais. Eine Verbreitung als Hauptnahrungsmittel wie die Kartoffel fand er bei unsnie, auch wenn er sich zunehmender Beliebtheit erfreut. In Rumänien und anderen Balkanländern wird der würzige Maisbrei Mamaliga so geschätzt wie der Kukuruz in der Türkei, die Polenta in Italien und Gofio auf den Kanarischen Inseln sowie in Lateinamerika.

Gut ausgestattet

Die ausgereiften goldgelben Körner enthalten viel Kalium, Magnesium, Phosphor, Eisen- und Kieselsäure sowie Natrium, außerdem noch das Provitamin A, Vitamin B_1, B_2, B_3, B_5, B_6, die Vitamine E und C sowie Folsäure. Direkt nach der Ernte ist der energiereiche Mais am süßesten, bei längerer Lagerung wird der Zucker in Stärke umgewandelt. Getrocknete Maiskörner können mit Haushaltsmühlen, selbst großen, nicht gemahlen werden. Doch in Bioläden und Reformhäusern wird fein gemahlener oder geschroteter Mais in guter Qualität angeboten. Als glutenfreies Produkt ist er für Zöliakie-Patienten eine gute Alternative zu anderen Getreidearten.

Zuckermais

Bei den Maissorten, die man bei uns kaufen kann, handelt es sich immer um Zuckermais, der auch Speise- oder Gemüsemais genannt wird. Die frischen Maiskörner schmecken süßlich, weil die Kolben geerntet werden, wenn sie in der Milchreife, das heißt, noch nicht ganz reif sind. Die glatten Körner sind dann rund und geben auf Druck eine milchige Flüssigkeit ab.

Die Körner vom Zuckermais bleiben weich und lassen sich leicht vom Kolben lösen oder abknabbern, wenn er in leicht gezuckertem Wasser gekocht und erst danach gesalzen wird. Zuckermais kann aber auch roh gegessen oder gegrillt werden. Greifen Sie zu, wenn die frischen Maiskolben im Spätsommer angeboten werden!

Christoph Kolumbus soll die Maispflanze in der Karibik entdeckt und nach Europa gebracht haben.

Körnermais als Futtermittel

Die Kolben dieser Sorte sind wesentlich größer. Der Mais enthält mehr Stärke als Zucker und wird als Futtermittel produziert. Wer also im Herbst meint, einem großen Maisfeld ein paar Kolben stibitzen zu müssen, wird schwer enttäuscht werden, weil diese Körner nur Milchkühen und Hühnern schmecken.

Babymais

Dabei handelt es sich um eine ganz eigene Art. Die kleinen, höchstens 10 Zentimeter langen, unreif geernteten Kolben einer kleinfruchtigen Sorte sind besonders zart und können im Ganzen gegessen werden. Man findet sie oft in asiatischen Gerichten und hierzulande werden sie gern eingelegt in Gläsern angeboten.

Puffmais

Das ist eine besondere Maissorte mit dünner und harter Schale und kleinen Körnern, die für Popcorn ideal geeignet ist. Wenn Puffmais erhitzt wird, verändert sich das im Korn enthaltene Wasser und wird zu Gas. Das braucht Platz, dehnt sich aus und „verpufft". Erforderlich ist dafür eine Temperatur von 180 °C. Bei diesem Vorgang reißt die Haut und der Wasserdampf entweicht. Die Maisstärke wird nach außen gedrückt, kühlt sich ab und sorgt für die bekannte Popcorn-Form.

Mais lagern

Damit sich der Zucker bei längerer Lagerung nicht in Stärke verwandelt, können die Kolben in ein feuchtes Küchentuch eingeschlagen und einige Zeit im Kühlschrank aufbewahrt werden. Maiskolben lassen sich auch gut einfrieren: in kochendem Wasser etwa 5 Minuten blanchieren. Gut abgetropft, kommen sie in Gefrierbeutel und dann in die Tiefkühltruhe. So bleiben sie etwa sechs bis acht Monate frisch. Um sie dann aufzutauen und gleichzeitig zu garen, die Kolben für zehn Minuten in kochendes Wasser legen.

Popcorn ist kein moderner Snack – bei Ausgrabungen entdeckte, rund 4000 Jahre alte Puffmaiskörner belegen, dass Popcorn schon früh Bestandteil des indianischen Speiseplans war.

REZEPTE

ZUM FRÜHSTÜCK

Müsli und mehr

Der frühe Vogel fängt das Korn, denn dieses enthält die Energie, die so wichtig für einen turbulenten Tag ist. Der erste Gedanke fällt dabei sicher auf den Klassiker: das Müsli. Doch hier fängt ein richtig getreide- und powergeladenes Frühstück erst an. Vom knusprigen Dinkelbrötchen über den herzhaften Aufstrich bis zum passenden Erfrischungsgetränk mit Chiasamen und tibetischem Tsampa lässt sich eine Komposition zusammenstellen, die auch jeden Brunchfan begeistern wird. Auf diesem reich gedeckten Frühstückstisch steckt nicht nur viel Gesundes, sondern vor allem auch großer Genuss!

Sonntagsbrötchen

Für 4 Personen 10 Minuten plus 30 Minuten Gehen und 35 Minuten Backen

400 g Dinkelvollkornmehl, 150 g Quark, 2 Päckchen Trockenhefe (18 g)
1 TL Zucker, 1 TL Salz, 1 TL Brotgewürzmischung, 4 EL Raps- oder Olivenöl

In einer Schüssel alle Zutaten mit 250 ml warmem Wasser mischen und den Teig abgedeckt etwa 30 Minuten ruhen lassen, bis sich sein Volumen verdoppelt hat.

Den Backofen auf 180 °C Ober-/Unterhitze vorheizen. Ein Backblech mit Backpapier belegen. Den Teig in acht gleichmäßige Stücke teilen, zu glatten Kugeln formen und auf das Backblech legen. Die Teigkugeln über Kreuz einritzen und mit Wasser bestreichen. Im Backofen auf der mittleren Schiene etwa 35 Minuten backen.

Dinkelflocken-Aufstrich

Für 4–6 Personen 25 Minuten

1 Karotte, 2 Schalotten, 1 Zweig glatte Petersilie, ½ Bund Schnittlauch
2 EL Rapsöl, 15 g Butter, 150 g Dinkelflocken, 225 ml Gemüsefond, Meersalz, Zitronenpfeffer, 1 EL Weizenkeimöl

Die Karotte schaben und klein würfeln. Die Schalotten abziehen und hacken. Die Kräuter waschen und trocken schütteln. Die Petersilie hacken, den Schnittlauch in Röllchen schneiden.

In einem Topf das Rapsöl erhitzen und die Butter hinzufügen. Die Karotte und die Schalotten darin anbraten. Die Dinkelflocken dazugeben. Mit dem Gemüsefond ablöschen, 3–4 Minuten köcheln lassen und mit Meersalz sowie Zitronenpfeffer würzen. Die Kräuter und das Weizenkeimöl untermischen. Abkühlen lassen.

Frühstück mit Dinkelflocken

Für 2 Personen 15 Minuten

2 frische Feigen, 2 kleine Bio-Äpfel, 150 g kernlose grüne oder blaue Trauben
8 EL Dinkelflocken, 400 g Dickmilch

Die Feigen schälen. Eine Feige in kleine Stücke schneiden, die zweite für die Garnitur in schmale Spalten teilen und beiseitelegen. Äpfel und Trauben waschen. Die Äpfel entkernen (nicht schälen) und das Fruchtfleisch würfeln. Die Trauben von den Rispen zupfen.

Das Obst mit Dinkelflocken und Dickmilch mischen und in zwei Schälchen füllen. Mit den Feigenspalten garnieren.

Müsli auf meine Art

Für 4 Personen 20 Minuten plus 12 Stunden Quellen

50 g Gerste, 50 g Emmer, 50 g Kamut, 250 ml stilles Mineralwasser
200 g Aprikosen, 300 g Erdbeeren, 1 Bio-Apfel, 1 EL Zitronensaft, 3 EL Akazienhonig,
250 ml Sahne, 2 EL Walnüsse, gehackt

Bereits am Vorabend Gerste, Emmer und Kamut grob schroten. Mit dem Mineralwasser übergießen und über Nacht kühl stellen.

Am nächsten Morgen das Obst waschen. Die Aprikosen entsteinen und klein schneiden. Die Erdbeeren halbieren. Den Apfel entkernen, ungeschält reiben und mit Zitronensaft beträufeln. Gerste, Emmer und Kamut mit dem Obst mischen. Den Honig unterrühren. Die Sahne halbsteif schlagen und unterheben. Mit den Walnüssen bestreuen.

Quinoa-Aufstrich auf viererlei Art

Für jeweils 4–6 Personen Quinoa 5 Minuten plus 30 Minuten Kochen und Quellen, zusätzlich 5–10 Minuten je Aufstrich

Für die Quinoa-Grundmasse
120 g Quinoa, Salz, 400 g Quark (Magerstufe)

Für die Geschmacksrichtungen
80 g Ricotta, 1 EL Senf, 50 g schwarze Oliven (vorzugsweise Kalamon/Kalamata), entsteint
80 g Ziegenfrischkäse, 1–2 TL Weizenkeimöl, ½ Bund Basilikum, frisch gemahlener Pfeffer
80 g Frischkäse, 2 TL Kürbiskernöl, 1 kleine Schalotte, 1–2 EL Kürbiskerne
50 g Mascarpone, 1 EL Kapern (aus dem Glas), 5 Radieschen, ½ Bund Schnittlauch

In einem Sieb das Quinoa unter fließendem heißem Wasser abbrausen und mit 350 ml Wasser in einen Topf geben. Zum Kochen bringen, salzen, bei niedriger Temperatur 25 Minuten kochen und 5 Minuten quellen lassen. Das Quinoa mit dem Quark mischen, dann die Masse auf vier kleine Schüsseln verteilen.

Für einen **Ricotta-Aufstrich** Ricotta, Senf und gehackte Oliven unter eine Portion Quinoa mischen.

Für einen **Ziegenfrischkäse-Aufstrich** den Ziegenfrischkäse und das Weizenkeimöl unter eine weitere Portion Quinoa mischen. Das Basilikum waschen, trocken schütteln, fein hacken und unterheben. Mit Pfeffer abschmecken.

Für einen **Frischkäse-Aufstrich** den Frischkäse und das Kürbiskernöl unter die dritte Portion Quinoa mischen. Die Schalotte abziehen und sehr fein hacken. Die Kürbiskerne ebenfalls hacken. Beides unter die Frischkäsemasse heben.

Für einen **Mascarpone-Aufstrich** Mascarpone und Kapern unter die letzte Portion Quinoa mischen. Die Radieschen waschen und klein würfeln. Den Schnittlauch waschen, trocken schütteln und in Röllchen schneiden. Beides unter die Mascarponemasse heben.

Sharon-Aufstrich mit Quinoa

Für 4–6 Personen

15 Minuten plus 30 Minuten Kochen und Quellen

50 g Quinoa, 150 ml Apfelsaft
5 Sharonfrüchte, Saft und etwas Schale von 1 unbehandelten Limetten, ½ rote Chilischote
½ TL Kurkuma, Gelierzucker (1 : 1)

In einem Sieb das Quinoa unter fließendem heißem Wasser abbrausen. Quinoa und Apfelsaft in einem Topf zum Kochen bringen, einmal durchheben und abgedeckt bei niedriger Temperatur 25 Minuten kochen, dann 5 Minuten ausquellen lassen.

Die Sharonfrüchte schälen oder das Fruchtfleisch mit einem Löffel aus der Schale heben und grob zerkleinern. Limettensaft und -schale dazugeben. Die Chilischote von Samen und Scheidewänden befreien und klein hacken.

Quinoa, Sharon-Fruchtfleisch und Chilischote vermischen, mit Kurkuma würzen und die Masse wiegen. Mit der gleichen Menge Gelierzucker aufkochen und 3 Minuten unter Rühren kochen, dann abkühlen lassen.

Für 4 Personen

Für die Pfannkuchen
80 g Kamut , 80 g Teffmehl, 375 ml Milch, 1 TL Zucker, 1 Msp. Salz

Für die Füllung
1 Bio-Apfel, 1 Banane, 15 g Butter, 2 TL Honig, 1 Zweig Zitronenmelisse,
150 g Quark (Magerstufe), 3 EL Sonnenblumenöl, 20 g Butter
1 kleiner Zweig Zitronenmelisse zum Garnieren

40 Minuten

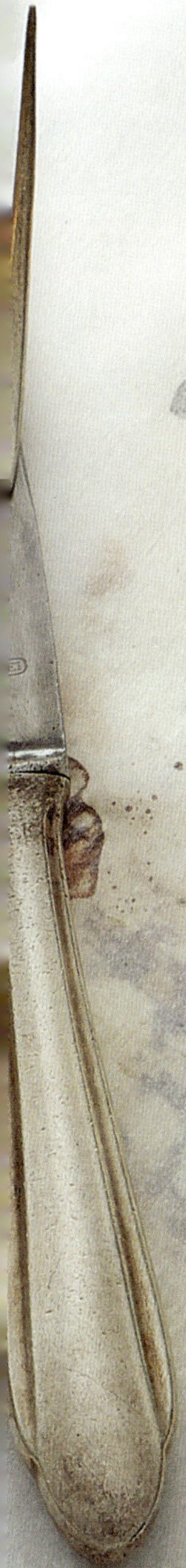

Kamut-Pfannkuchen mit Fruchtquark

Den Kamut schroten, dann in einer trockenen Pfanne unter ständigem Rühren leicht anrösten. Vom Herd nehmen, in eine Schüssel geben und mit Teffmehl mischen. Die Milch hineinrühren, Zucker und Salz hinzufügen.

Den Apfel entkernen, die Banane schälen. Beides in dünne Scheiben schneiden und in eine Pfanne geben. Butter und Honig hinzufügen und die Früchte bei niedriger Temperatur leicht karamellisieren lassen. Die Zitronenmelisse waschen, trocken schütteln und die Blätter hacken. Die Pfanne vom Herd nehmen und die Früchte mit Quark sowie Zitronenmelisse mischen.

Die Pfanne mit Küchenpapier ausreiben, erhitzen und etwas Öl und Butter dazugeben. Etwas Pfannkuchenteig hineingießen und auf beiden Seiten goldbraun backen. Den Pfannkuchen warm stellen. Auf diese Weise drei weitere Pfannkuchen zubereiten. Sofort mit dem Fruchtquark bestreichen und einmal in der Mitte zusammenfalten. Nach Belieben mit etwas Fruchtquark, Apfelspalten, Bananenscheiben und einem Zweig Zitronenmelisse garnieren und sofort servieren.

TIPP: Wer es herzhafter mag, ersetzt den Fruchtquark durch ein Spiegelei, leicht gebratene oder gegrillte kleine Tomaten und einige Scheiben gebratene Champignons und garniert das Gericht mit frisch gehackten Kräutern.

Muntermacher mit Chiasamen und Sekt

Für 4 Personen 5 Minuten plus Einweichen

4 TL Chiasamen, 2 TL Tsampa, 4 EL Granatapfelsirup, 500 ml alkoholfreier Sekt

Bereits am Vorabend die Chiasamen in 250 ml kaltem Wasser einweichen. Am nächsten Morgen mit Tsampa und Granatapfelsirup verrühren. Auf vier Gläser verteilen und mit dem Sekt auffüllen.

Variante: Den Granatapfelsirup durch dieselbe Menge Agavendicksaft und den Sekt durch 500 ml Apfelsaft ersetzen und den Muntermacher mit Minzblättern garnieren.

Mango-Smoothie

Für 2 Personen 10 Minuten

1 Mango, Saft von 3 Orangen, 4 EL zarte Haferflocken, 250 ml Milch

Die Mango schälen, das Fruchtfleisch vom Stein lösen und pürieren. Mit Orangensaft, Haferflocken und Milch verrühren. Auf zwei Gläser oder kleine Flaschen verteilen.

Power-Drink

Für 2 Personen 5 Minuten

25 g Rauke, 125 g Seidentofu, 2 EL Haferkleie, fein gemahlen, 2 TL Tsampa
250 ml Bio-Vollmilch, Salz, frisch gemahlener Pfeffer

Rauke mit Seidentofu und Haferkleie sowie Tsampa pürieren und alles in die Milch einrühren. Mit Salz und Pfeffer würzen. Auf zwei Gläser verteilen.

TIPP: Anstelle von Rauke 100 g Erdbeeren und 1 EL Akazienhonig verwenden.

Kamut-Aufstrich

Für 4–6 Personen 30 Minuten plus einige Stunden Ziehen

100 g Kamut, ersatzweise Weizen, knapp 700 g passierte Tomaten, Salz,
frisch gemahlener Pfeffer, 1 TL Kräuter der Provence
etwa 1 EL Ingwer-Chilisauce

Den Kamut fein schroten und in einen Topf geben. Mit 250 ml Wasser übergießen und 10 Minuten ruhen lassen. Die passierten Tomaten hinzufügen. Mit Salz, Pfeffer und Kräutern der Provence würzen. Unter häufigem Rühren 15 Minuten kochen lassen. (Achtung, Spritzgefahr!)

Mit Ingwer-Chilisauce abschmecken und einige Stunden durchziehen lassen.

Grünkern-Aufstrich

Für 4–6 Personen 25 Minuten plus 25–30 Minuten Kochen und Quellen

125 g Grünkern, 1 kleines Stück Lauch, 1 kleine Zwiebel, 1 Frühlingszwiebel
2 EL Olivenöl, 20 g Butter, 1 Lorbeerblatt
2 EL Tomatenmark, Kräutersalz, frisch gemahlener Pfeffer, 1–2 Msp. edelsüßes Paprikapulver

Den Grünkern schroten. Den Lauch waschen, halbieren und in sehr feine Halbringe schneiden, diese nochmals halbieren. Die Zwiebel abziehen und würfeln, die Frühlingszwiebel waschen und sehr fein schneiden.

In einem Topf das Olivenöl erhitzen und die Butter hinzufügen. Die Zwiebel und den Lauch darin anbraten. Grünkernschrot dazugeben und einige Minuten mitrösten. 350 ml Wasser angießen. Das Lorbeerblatt einlegen und den Grünkernschrot 15–20 Minuten unter Rühren köcheln, dann 10 Minuten quellen lassen.

Tomatenmark und Frühlingszwiebel hinzufügen. Mit Kräutersalz, Pfeffer und Paprikapulver würzen. Das Lorbeerblatt entfernen und den Aufstrich abkühlen lassen.

TIPP: Soll ein Aufstrich auf Vorrat zubereitet werden, füllt man ihn noch heiß in Twist-off-Gläser und bewahrt ihn nach dem Abkühlen bis zu 5 Tage im Kühlschrank auf.

5-Korn-Aufstrich

Für 4–6 Personen 30 Minuten

100 g Pfifferlinge oder Champignons, 1 Schalotte
3–4 EL Olivenöl, 100 g 5-Korn-Schrot (Weizen, Roggen, Hafer, Gerste, Hirse)
Salz, Curry, 1 TL Kurkuma

Die Pilze putzen und hacken. Die Schalotte abziehen und fein würfeln.

In einer weiten Pfanne das Olivenöl erhitzen. Den 5-Korn-Schrot darin leicht rösten. Pilze und Schalotte hinzufügen. Nach 5 Minuten 500 ml Wasser angießen und 10–12 Minuten köcheln lassen.

Mit Salz, Curry und Kurkuma abschmecken und immer wieder umrühren. Köcheln lassen, bis der Aufstrich die richtige Konsistenz hat, dann abkühlen lassen.

Fit mit Hafer, Kleie und Soja

Für 4 Personen 5 Minuten

2 Bananen, 2–3 EL Honig, 6 EL zarte Haferflocken, 6 EL Haferkleie, 1 l Sojadrink (natur)

Die Bananen schälen. Mit Honig, Haferflocken und Haferkleie pürieren. Den Sojadrink nach und nach dazugießen. Auf vier Gläser verteilen.

Feiertagswaffeln

Für 4 Personen 5 Minuten plus 10 Minuten Ruhen und 5–10 Minuten Backen

20 g Butter, 100 g Quinoa, fein gemahlen, 250 ml Milch, 1 Ei, 1 Msp. Salz
Butter für das Waffeleisen, Konfitüre, Gelee oder Kompott (nach Belieben)

Die Butter zerlassen. Quinoa, Milch, Ei und Salz hinzufügen und gut verrühren. Den Teig 10 Minuten ruhen lassen.

Das Waffeleisen mit Butter fetten und erhitzen. Sobald es heiß ist, ¼ des Teiges einfüllen und die Waffel bis zum gewünschten Bräunungsgrad backen. Warm stellen und auf diese Weise drei weitere Waffeln zubereiten. Nach Belieben mit Konfitüre, Gelee, Kompott oder als pikante Variante mit einem Wodka-Dip (siehe Rezept unten) anrichten.

Wodka-Dip

Für 4 Personen 10 Minuten

1 Frühlingszwiebel, 2 Zweige glatte Petersilie
3 EL Mayonnaise, 3 EL milder Joghurt, 2–3 TL Tomatenketchup, 1–2 EL Orangensaft,
3 EL milder Wodka, etwas Saft und Schale von ½ unbehandelten Limette, Salz,
1 Msp. Chilipulver, 1 Msp. Kreuzkümmel

Die Frühlingszwiebel waschen und in sehr dünne Ringe schneiden. Die Petersilie waschen, trocken schütteln und fein hacken.

Mayonnaise, Joghurt, Tomatenketchup, Orangensaft und Wodka verrühren. Frühlingszwiebel und Petersilie untermischen. Mit Limettensaft und -schale, Salz, Chilipulver und Kreuzkümmel pikant abschmecken.

Ayran mit Tsampa

Für 2 Personen 5 Minuten

4 EL Tsampa, 1 l Ayran, gut gekühlt, 2 EL Honig (nach Belieben)

Tsampa und Ayran vermischen. Nach Belieben mit Honig süßen und auf zwei Gläser verteilen.

Maisbrot aus der Pfanne

Für 4 Personen 20 Minuten plus 30 Minuten Backen

1 kleine Zwiebel, 100 g Frühstücksspeck
2 Zweige Salbei, 50 g Butter, 3 Eier, 250 ml Buttermilch
125 g Maismehl, 50 g Weizenmehl, 15 g Speisestärke, 1 TL Backpulver, 2 Msp. Natron
100 g Zuckermais (aus der Dose), abgetropft, Salz, frisch gemahlener weißer Pfeffer, frisch geriebene Muskatnuss
2 EL Olivenöl, 30 g Butter zum Beträufeln (nach Belieben), Salbeiblätter, in Butter geschwenkt, zum Garnieren (nach Belieben)

Die Zwiebel abziehen und fein schneiden. Den Frühstücksspeck würfeln, in einer trockenen Pfanne einige Minuten braten und herausnehmen. Die Zwiebel im Speckfett glasig schwitzen.

Den Backofen auf 200 °C Ober-/Unterhitze oder 180 °C Umluft vorheizen. Den Salbei waschen, trocken schütteln und die Blätter hacken. Die Butter zerlassen, etwas abkühlen lassen und mit den Eiern und der Buttermilch verrühren.

In einer Schüssel Maismehl, Weizenmehl, Speisestärke, Backpulver und Natron mischen und in eine weitere Schüssel sieben. Die Eiermilch unterrühren. Zuckermais, Zwiebel, Frühstücksspeck und Salbei hinzufügen. Mit Salz, Pfeffer und Muskatnuss würzen.

Das Öl in eine feuerfeste Pfanne geben, mit einem Backpinsel gut darin verstreichen und auch den Rand fetten, dann erhitzen. Den Teig hineingießen. Die Pfanne nach 1 Minute in den vorgeheizten Backofen stellen und das Brot etwa 30 Minuten backen. Nach Belieben Butter zerlassen und über das Maisbrot träufeln und das Brot mit in Butter geschwenkten Salbeiblättern belegen. Noch warm in Scheiben schneiden.

TIPP: Reichen Sie das Maisbrot aus der Pfanne mit Relish oder gegrillten Tomaten zum Brunch.

Frühstück mit Buchweizen

Für 4 Personen 25 Minuten

100 g Buchweizen
600 g rote Weinbergpfirsiche, 125 g Gelierzucker (2:1)
200–300 g Joghurt (10 % Fettgehalt), 40 g gehobelte Mandeln

Den Buchweizen grob mahlen. Einen weiten Topf erhitzen. Den Buchweizen hineingeben und unter Rühren einige Minuten rösten, bis er zu duften beginnt. Mit 750 ml Wasser ablöschen und 10 Minuten bei niedriger Temperatur kochen lassen.

Inzwischen die Weinbergpfirsiche kurz in kochendes Wasser tauchen, mit kaltem Wasser abschrecken, häuten und den Stein entfernen. Das Fruchtfleisch etwas zerkleinern und mit dem Gelierzucker zum Buchweizen in den Topf geben. Unter Rühren 3 Minuten kochen lassen.

Den Joghurt in die etwas abgekühlte Masse rühren. Das Gericht in vier Schalen füllen und mit gehobelten Mandeln bestreuen. Noch leicht warm oder kalt servieren.

Natursauerteigbrot mit Urgetreide

Für 2 Brote 30 Minuten plus 72 Stunden Ruhen (Ansatz), 12 Stunden Gehen (Vorteig), 2½–3 Stunden Gehen (Hauptteig) und 55 Minuten Backen

Für den Sauerteigansatz
300 g Roggenvollkornmehl, frisch gemahlen, 1 TL Kümmel

Für den Vorteig
je 150 g Emmer und Einkorn, frisch gemahlen

Für den Hauptteig
1½ Würfel frische Hefe (63 g), 1 TL Roh-Rohrzucker, 350 g Dinkelvollkornmehl
Salz, 10 g Brotgewürz (Anis, Fenchel, Koriander und Kümmel), gemahlen
Butter und Mehl für die Formen, 2 EL Leinsamen zum Bestreuen

Für den Sauerteigansatz in einer Schüssel 100 g Roggenvollkornmehl mit 125 ml lauwarmem Wasser und dem Kümmel verrühren. Abgedeckt bei Zimmertemperatur 24 Stunden stehen lassen. Dann weitere 100 g Mehl und 125 ml lauwarmes Wasser hinzufügen, unterrühren und wieder 24 Stunden stehen lassen.

Nun das restliche Mehl mit 125 ml lauwarmem Wasser hinzufügen, unterrühren und nochmals 24 Stunden stehen lassen. Sobald der Teigansatz kleine Blasen bildet und frisch säuerlich riecht, kann er weiterverarbeitet werden.

Für den Vorteig den Sauerteig mit Emmer und Einkorn sowie 250 ml lauwarmem Wasser vermengen und abgedeckt über Nacht gehen lassen.

Für den Hauptteig Hefe und Roh-Rohrzucker in 250 ml lauwarmem Wasser auflösen. Das Dinkelvollkornmehl, Salz und Brotgewürz hinzufügen. Mit dem Vorteig gut verkneten und 2–2½ Stunden gehen lassen.

Zwei Kastenformen (26 cm Länge) mit Butter fetten und mit Mehl bestauben. In den Kühlschrank stellen. Den Teig halbieren, nochmals durchkneten und in die Formen geben. Erneut etwa 30 Minuten gehen lassen.

Den Backofen auf 210 °C Ober-/Unterhitze vorheizen. Die Brote mit Wasser bestreichen. Mit Leinsamen bestreuen und diesen etwas andrücken. Die Brote der Länge nach einkerben. Eine kleine, mit Wasser gefüllte feuerfeste Schale auf den Boden des Backofens stellen. Die Brote auf der mittleren Schiene etwa 55 Minuten backen.

TIPP: Bakterien und Wärme verwandeln Mehl und Wasser in natürlichen Sauerteig. Doch das dauert seine Zeit. Sie können sich allerdings beim nächsten Brotbacken das erste und zweite Ansetzen des Teiges ersparen, wenn Sie einen kleinen Rest Sauerteig im Schraubglas im Kühlschrank aufbewahren oder einfrieren. Alternativ gibt es fertigen Sauerteigansatz im Handel.

Dinkel-Buttermilch-Brot

Für 1 Brot 15 Minuten plus 50 Minuten Gehen und 40 Minuten Backen

200 g Dinkelvollkornmehl, 100 g Weizenmehl, 35 g frische Hefe, 4 TL brauner Rohrzucker
125 ml Buttermilch, 3 EL Rapsöl, Salz, 1 TL Brotgewürzmischung

In einer Schüssel die beiden Mehlsorten mischen. In die Mitte eine Vertiefung drücken. Die Hefe hineinbröckeln, 1 TL Rohrzucker hinzufügen und mit 75 ml warmem Wasser und etwas Mehl vom Rand zu einem dickflüssigen Brei verrühren. Den Vorteig abgedeckt an einem warmen, zugluftfreien Ort 20 Minuten gehen lassen, bis sich sein Volumen verdoppelt hat.

Buttermilch, Rapsöl, Salz, die Brotgewürzmischung und den restlichen Rohrzucker hinzufügen und gut unterkneten. Den Teig abgedeckt etwa 30 Minuten gehen lassen.

Den Backofen auf 200 °C Ober-/Unterhitze vorheizen. Ein Backblech mit Backpapier belegen. Den Teig zu einem länglichen Brot formen und mit Wasser bestreichen. Im vorgeheizten Backofen auf der mittleren Schiene etwa 40 Minuten backen.

FÜR ZWISCHENDURCH

Knabbereien, Salate, Suppen

Buchweizen, Quinoa, Amarant und jedes andere Pseudogetreide ist wie geschaffen für den kleinen Hunger zwischendurch. Mit ihnen lassen sich raffinierte Dips zaubern, herzhaftes Gebäck wird durch sie aufgepeppt und als Zugabe zum bunten Salat bestechen sie in der aktuellen Küche. Doch auch „herkömmliche" Getreidesorten sind gerade für kleine Gerichte und Vorspeisen vielfältiger einsetzbar als gedacht, zum Beispiel für Knabbermischungen oder als überraschende Suppeneinlage. Das macht gleich Lust auf mehr …

Vier Dips mit Quinoa

Für jeweils 4–6 Personen

Quinoa 5 Minuten plus 30 Minuten Kochen und Quellen, zusätzlich 5–10 Minuten je Dip

Für die Grundmasse
100 g Quinoa

Für die Geschmacksrichtungen
4 möglichst zarte Bärlauchblätter, 5 EL Ricotta, 1–2 EL Olivenöl, 1 EL Bärlauchsenf, Salz, frisch gemahlener Pfeffer
einige Zweige Dill, 100 ml Sahne, 2 halbe geräucherte Forellenfilets, 2 TL Meerrettich (aus dem Glas), Salz, frisch gemahlener weißer Pfeffer
50 g schwarze Oliven, entsteint, 3–4 EL mildes Ajvar, 5 EL Ricotta, 1 EL Olivenöl, Salz, frisch gemahlener Pfeffer
5–6 getrocknete und in Olivenöl eingelegte Tomaten, 1/3 Frühlingszwiebel, 2 EL Tomatenmark, 1–2 EL Olivenöl, 4 EL Crème fraîche, 1 TL Kräuter der Provence
Salz, frisch gemahlene pfeffrige Mischung (schwarzer, weißer und grüner Pfeffer sowie rosa Pfefferbeeren und Piment)

In einem Sieb das Quinoa unter fließendem Wasser abbrausen. Mit 175 ml Wasser in einen Topf geben, aufkochen, einmal durchheben und abgedeckt bei niedriger Temperatur 25 Minuten köcheln lassen. Das Quinoa vom Herd nehmen und 5 Minuten ausquellen lassen. Abkühlen lassen, dann auf vier kleine Schüsseln verteilen.

Für einen **Bärlauch-Dip** die Bärlauchblätter waschen, trocken schütteln und fein hacken. Alle Zutaten gut mit einer Portion Quinoa vermischen.

Für einen **Forellen-Dip** den Dill waschen und trocken schütteln. 1–2 Zweige beiseitelegen, den restlichen Dill hacken. Eine weitere Portion Quinoa mit Sahne, Forellenfilets und Meerrettich pürieren. Den gehackten Dill hinzufügen, mit Salz und Pfeffer kräftig abschmecken. Mit Dill garnieren.

Für einen **Ajvar-Dip** 1–2 Oliven in feine Ringe schneiden und beiseitelegen. Die restlichen Oliven hacken. Die dritte Portion Quinoa, Ajvar, Ricotta, Olivenöl sowie die gehackten Oliven verrühren. Mit Salz und Pfeffer abschmecken. Mit den Olivenringen garnieren.

Für einen **Tomaten-Dip** die Tomaten abtropfen lassen, dann fein hacken. Die Frühlingszwiebel putzen und sehr fein schneiden. Die letzte Portion Quinoa mit den Tomaten, der Frühlingszwiebel, dem Tomatenmark, Olivenöl, Crème fraîche und Kräutern der Provence verrühren. Mit Salz und der pfeffrigen Mischung abschmecken.

TIPP: Geröstetes Baguette dazu reichen oder die Dips direkt auf kross getoastetes Baguette oder Kräcker streichen und zum Aperitif anbieten.

Für 4 Personen

16 eingelegte Weinblätter, 12 EL Sojaöl
60 g Couscous (Instant), 200 ml leichter Gemüsefond, 20 g Butter, Salz, 2 Msp. Kreuzkümmel
200 g Tofu (fest), Schale und Saft von 1 unbehandelten Limette, 1–2 TL Sojasauce,
2 TL rosa Pfefferkörner
einige Safranfäden, 2 Knoblauchzehen, 2 zimmerwarme Eigelb, 200 ml Olivenöl,
Saft von ½ Limette, frisch gemahlener Pfeffer

35 Minuten plus 12 Stunden Quellen

Gefüllte Weinblätter mit Safran-Aioli

Die Weinblätter abtropfen lassen, in eine Schale legen und mit dem Sojaöl beträufeln. Abgedeckt einige Stunden (am besten über Nacht) stehen lassen.

Den Couscous in einen Topf geben. Den Fond separat zum Kochen bringen und den Couscous damit übergießen. Je nach Packungsanleitung etwa 5 Minuten quellen lassen, bis die Flüssigkeit aufgesaugt ist. Die Butter hinzufügen, mit Salz und Kreuzkümmel würzen.

Den Tofu in acht Scheiben schneiden. Mit der Limettenschale bestreuen, mit dem Limettensaft und Sojasauce beträufeln und die rosa Pfefferkörner darübergeben.

In einem kleinen Topf 2 EL Wasser erhitzen und die Safranfäden darin auflösen. Den Knoblauch abziehen und zerdrücken. Knoblauch und Eigelb mit dem Handrührgerät auf niedrigster Stufe verrühren. Tropfenweise das Öl unter ständigem Rühren hinzufügen und so lange weiterrühren, bis die Masse eine feste Konsistenz hat. Den Safran in die Aioli geben, mit Limettensaft, Salz und Pfeffer abschmecken.

Die Weinblätter aus dem Sojaöl nehmen und jeweils zwei Blätter leicht überlappend ausbreiten. Je eine Tofuscheibe und etwas Couscous daraufgeben und einwickeln.

Den Grill auf mittlerer Stufe vorheizen. Die Päckchen mit etwas Safran-Aioli bestreichen und für 3–4 Minuten unter den Grill geben, bis sie goldgelb sind. Die restliche Aioli getrennt dazu reichen.

TIPP: Reichen Sie die gratinierten Weinblätter zum Aperitif oder zu anderen kleinen Vorspeisen.

Buchweizen-Plinsen

Für 4 Personen 30 Minuten plus 60 Minuten Gehen

100 g Buchweizenmehl, 70 g Weizenmehl, 15 g frische Hefe, 1 TL Zucker
2 zimmerwarme Eier, 175 ml Milch, 20 g weiche Butter, Salz, 100 ml saure Sahne
Butter zum Braten

Buchweizenmehl und Weizenmehl in einer Schüssel mischen. In die Mitte eine Vertiefung drücken. Die Hefe hineinbröckeln, den Zucker hinzufügen und mit 75 ml lauwarmem Wasser und etwas Mehl vom Rand zu einem dickflüssigen Brei verrühren. Den Vorteig abgedeckt an einem warmen, zugluftfreien Ort etwa 30 Minuten gehen lassen, bis sich sein Volumen verdoppelt hat.

Die Eier trennen. Die Milch lauwarm erwärmen. Eigelb, Milch, Butter, etwas Salz und die saure Sahne zum Vorteig geben und gut unterkneten. Den Teig abgedeckt weitere 30 Minuten gehen lassen. Das Eiweiß mit einer Prise Salz steif schlagen und unterziehen.

In einer kleinen Pfanne etwas Butter zerlassen, 3 EL Teig hineingeben und auf beiden Seiten in einigen Minuten goldgelb braten. Dann warm stellen. Auf diese Weise weitere Plinsen zubereiten, bis der Teig verbraucht ist.

TIPP: Saure Sahne und Erdbeerkaviar (siehe Foto) oder marinierter Hering sind herzhafte Begleiter, aber die Buchweizen-Plinsen schmecken auch mit süßen Beilagen wie Moosbeerenkonfitüre oder Honig. Sollten Sie keine frische Hefe zur Verfügung haben, so können Sie stattdessen 1½ TL Trockenhefe verwenden.

Vorherige Seite, unten: Buchweizen mit Plinsen

Frittata mit Quinoa

Für 4 Personen

35 Minuten plus 25 Minuten Kochen und Quellen, 10 Minuten Garen und 10 Minuten Backen

150 g Quinoa, 400 ml Gemüsefond
1 Aubergine (etwa 300 g), 2 Tomaten, 1 Zwiebel, 1 Knoblauchzehe,
2–3 Zweige glatte Petersilie
5 EL Olivenöl, Salz, frisch gemahlener Pfeffer, 1 TL getrockneter Thymian, etwa 2 TL Ras el Hanout,
6 Eier, 80 g geriebener Hartkäse (Emmentaler oder Gouda)

In einem Sieb das Quinoa unter fließendem heißem Wasser abbrausen. Den Gemüsefond zum Kochen bringen. Quinoa einstreuen, einmal durchheben und abgedeckt bei geringer Temperatur 20 Minuten kochen. Danach 5 Minuten ausquellen lassen.

Die Aubergine und die Tomaten waschen, die Stielansätze entfernen. Die Früchte in kleine Stücke schneiden. Die Zwiebel und den Knoblauch abziehen. Die Zwiebel fein hacken, den Knoblauch zerdrücken. Die Petersilie waschen, trocken schütteln und die Blätter hacken.

In einer weiten feuerfesten Pfanne das Olivenöl erhitzen. Die Aubergine darin anbraten. Nach einigen Minuten Zwiebel, Knoblauch und Tomaten hinzufügen und unter Rühren leicht weiterbraten. Quinoa unterrühren und mit Salz, Pfeffer, Thymian und Ras el Hanout gut würzen.

Die Eier verrühren. Petersilie und Käse über den Pfanneninhalt streuen und die Eier darübergießen. Abgedeckt bei niedriger Temperatur 10 Minuten garen.

Inzwischen den Backofen auf 180 °C Ober-/Unterhitze vorheizen. Die Frittata darin etwa 10 Minuten ohne Deckel stocken lassen.

Rotes Quinoa-Pesto

Für 6–8 Personen

30 Minuten plus 30 Minuten Kochen und Quellen

125 g rotes Quinoa
80 g getrocknete Tomaten (vorzugsweise vakuumverpackte Soft-Tomaten),
100 ml roter Balsamicoessig, 5 EL Olivenöl (nativ extra)
50 g brauner Roh-Rohrzucker, 15 g Butter, Salz
30 kleine Scheiben Weißbrot (z. B. Baguette), 75–100 g Pistazienkerne, gehackt

In einem Sieb das Quinoa unter fließendem heißem Wasser abbrausen. Mit 250 ml Wasser in einem Topf zum Kochen bringen, einmal durchheben und abgedeckt bei niedriger Temperatur 25 Minuten kochen und 5 Minuten ausquellen lassen.

Getrocknete Tomaten und Balsamicoessig bei niedriger Temperatur 10 Minuten köcheln lassen. Vom Herd nehmen, das Olivenöl hinzufügen und die Tomaten pürieren.

Den Rohrzucker mit der Butter in einem Topf leicht karamellisieren lassen. Sobald er goldgelb wird und nach Karamell zu duften beginnt, 70 ml Wasser angießen und rühren, damit sich der Zucker auflöst. Quinoa und Tomatenmasse hinzufügen, salzen und abkühlen lassen.

Das Brot im Toaster rösten, mit dem Quinoa-Pesto bestreichen und mit Pistazien bestreuen.

Brunnenkresse-Quinoa-Dip

Für 4 Personen

20 Minuten plus 30 Minuten Kochen und Quellen

100 g gelbes Quinoa, Salz
200 g Brunnenkresse, 1 kleine, milde rote Chilischote
200 g Crème fraîche, 125 g Frischkäse, 100 g Parmesan, frisch gerieben, frisch gemahlener weißer Pfeffer, 1–2 Msp. Koriander, 1 Msp. Muskatblüte
4 Scheiben Brot nach Geschmack, 1–2 EL Kokosflocken

In einem Sieb das Quinoa unter fließendem heißem Wasser abbrausen. Mit 225 ml Wasser in einem Topf zum Kochen bringen, einmal durchheben, salzen und abgedeckt bei niedriger Temperatur 25 Minuten kochen und 5 Minuten ausquellen lassen. Dann abkühlen lassen.

Die Brunnenkresse waschen, trocken schütteln und die Stiele weitgehend entfernen. Einige Blätter für die Garnitur beiseitelegen. Die Chilischote halbieren, von Samen und Scheidewänden befreien und hacken.

Die Brunnenkresse mit Crème fraîche pürieren. Frischkäse und Parmesan unterrühren und die Masse unter das gekochte Quinoa mischen. Kräftig mit Salz, Pfeffer, Koriander und Muskatblüte (Macis) würzen.

Die Brotscheiben rösten. Den Quinoa-Dip daraufgeben. Mit Kokosflocken und Chilistückchen bestreuen und mit den restlichen Brunnenkresseblättern garnieren.

Drei Dips mit Amarant

Für 4 Personen

Amarant 5 Minuten plus 35 Minuten Kochen und Quellen, zusätzlich 5–10 Minuten je Dip

Für den Amarant
200 g Amarant, Salz

Für die Geschmacksrichtungen
1 kleines Stück Lauch, 3 EL Rapsöl, frisch gemahlener Pfeffer, 60 g Gorgonzola, 2 Msp. Kurkuma
1 Knoblauchzehe, 8 schwarze Oliven, entsteint, 3 EL Olivenöl, 1–1½ EL Tomatenmark, 1 TL brauner Roh-Rohrzucker
75 g Garnelen, gegart, 1 Schalotte, 2–3 Zweige Koriander, 2–3 EL Avocadoöl, 1 EL Fisch-Sojasauce

In einem Sieb den Amarant unter fließendem heißem Wasser abbrausen. 800 ml Wasser zum Kochen bringen, salzen und den Amarant hineingeben. Etwa 25 Minuten bei geringer Temperatur kochen, dann 10 Minuten ausquellen lassen. Den abgekühlten Amarant auf drei kleine Schüsseln verteilen.

Für einen **Gorgonzola-Dip** den Lauch waschen, halbieren und in sehr feine Halbringe schneiden. Das Rapsöl erhitzen und den Lauch einige Minuten leicht braten. Mit Salz und Pfeffer würzen. Den Gorgonzola mit einer Gabel zerdrücken. Lauch und Gorgonzola mit einer Portion Amarant vermischen und mit Salz, Pfeffer und Kurkuma abschmecken.

Für einen **Oliven-Dip** den Knoblauch abziehen und zerdrücken, die Oliven klein schneiden. Die zweite Portion Amarant mit Olivenöl, Tomatenmark, Rohrzucker, Knoblauch und Oliven vermischen. Mit Salz und Pfeffer würzen.

Für einen **Garnelen-Dip** die Garnelen fein hacken. Die Schalotte abziehen und in kleine Würfel schneiden. Den Koriander waschen, trocken schütteln und die Blätter hacken. Die letzte Portion Amarant mit Avocadoöl, Fisch-Sojasauce, Garnelen, Schalotte und Koriander verrühren. Mit wenig Salz und Pfeffer abschmecken.

Amarant-Blumen

Für 4–6 Personen etwa 50 Minuten plus 25 Minuten Kochen und 15–17 Minuten Backen

12 Förmchen mit konischem Rand (unten 4 cm Ø, oben 7 cm Ø)
1 kleine rote Zwiebel, 1 möglichst frische Knoblauchzehe
3 EL Rapsöl, 250 g Hackfleisch vom Rind, 2 EL Tomatenmark, 80 g Amarant,
500 ml Fleischfond, Salz, frisch gemahlene Pfeffermischung (schwarzer,
weißer und grüner Pfeffer), Pimentón, geräuchert, 80–100 g Ziegenfrischkäse
50–60 g Butter, 6 Blätter Filoteig (125 g), 12 sehr kleine Zweigspitzen Thymian

Die Zwiebel und den Knoblauch abziehen. Die Zwiebel fein würfeln, den Knoblauch zerdrücken.

Das Rapsöl in einem weiten Topf erhitzen und das Hackfleisch unter Rühren darin anbraten. Nach etwa 10 Minuten die Zwiebel hinzufügen und alles kurz weiter braten. Knoblauch, Tomatenmark und Amarant hineingeben. Mit dem Fleischfond ablöschen. Mit Salz, Pfeffer und Pimentón (spanisches Paprikapulver) würzen. 25 Minuten bei niedriger Temperatur kochen lassen. Anschließend abkühlen lassen und den Ziegenfrischkäse einrühren.

Den Backofen auf 180 °C Ober-/Unterhitze vorheizen. In einer kleinen Pfanne die Butter zerlassen. Die Förmchen mit etwas zerlassener Butter fetten. Die Filoteigblätter auf Backpapier legen und längs und quer halbieren, sodass aus jedem Filoteigblatt vier kleine entstehen. Ein kleines Blatt in ein Förmchen legen, das zweite Blatt leicht versetzt darauflegen. Von der Amarantmasse jeweils etwa 1 EL daraufgeben. Mit je einer Thymianzweigspitze belegen. Die Seitenteile der Teigblätter hochnehmen und zusammenfassen, ähnlich dem Blütenkelch einer Blume. Die Filoteigblütenblätter mit der restlichen Butter bestreichen. Den Vorgang wiederholen, bis alle zwölf Förmchen gefüllt sind.

Die Amarant-Blumen im Backofen auf der mittleren Schiene 15–17 Minuten backen, bis der Filoteig goldbraun ist. Nach Belieben im Förmchen servieren oder vorsichtig herausnehmen und warm oder kalt genießen.

Quinoa-Omelett mit Spargel

Für 4 Personen 35 Minuten

175 g wilder Spargel, ersatzweise grüne Spargelköpfe
150 g Seidentofu, 5 Eier, 50 g Quinoa, gekocht, 2 EL Dinkelmehl, Salz
etwa 5 EL Sojaöl, 4 TL Butter, Sojasauce

Den Spargel waschen, trocken tupfen und eventuell halbieren.

Den Tofu mit Eiern, Quinoa und Dinkelmehl pürieren und etwas Salz hinzufügen.

Etwas Sojaöl in einer Pfanne erhitzen, 1 TL Butter hinzufügen und ¼ der Spargel darin leicht braten. Dann ¼ der Tofu-Quinoa-Masse hineingießen. Das Omelett auf beiden Seiten einige Minuten leicht braten, anschließend warm stellen. Auf diese Weise mit den restlichen Zutaten drei weitere Omeletts zubereiten. Mit Sojasauce servieren.

Crostini mit gegrilltem Feta

Für 4 Personen 20 Minuten plus 10 Minuten Backen und 5–10 Minuten Grillen

Für die Crostini
4 Tomaten, 5 EL Olivenöl (nativ extra), 1 Knoblauchzehe
4 Scheiben Weiß-, Holzofen- oder Bauernbrot
8 Sardellenfilets, 8 schwarze Oliven, entsteint, Salz, frisch gemahlener Pfeffer
½ TL getrockneter Oregano

Für den Feta
200 g Feta, 30 g Quinoa, fein gemahlen, ½ TL Kräuter der Provence

Die Tomaten waschen, vom Stielansatz befreien, halbieren und in Scheiben schneiden. In einer weiten Pfanne 2 EL Olivenöl erhitzen. Den Knoblauch abziehen, hacken, hineingeben und die Brotscheiben kurz anrösten.

Den Backofen auf 180 °C Ober-/Unterhitze vorheizen. Eine feuerfeste Form mit etwas Olivenöl fetten. Die Brotscheiben hineinlegen. Die Tomaten darauf verteilen. Mit Sardellenfilets und Oliven belegen und mit etwas Olivenöl beträufeln. Mit Salz, Pfeffer und Oregano würzen und mit dem restlichen Olivenöl beträufeln. Im Backofen etwa 10 Minuten rösten.

Inzwischen den Backofengrill vorheizen. Den Feta in vier Stücke schneiden und im Quinoa wälzen. Einige Minuten grillen, herausnehmen, die Kräuter der Provence darüberstreuen und erneut kurz unter den Grill geben. Mit den Crostini servieren.

Bunte Knabbermischung

Für 4–6 Personen 10 Minuten plus 30–35 Minuten zum Rösten

50 g grobe Haferflocken, 30 g Hirseflocken, 30 g Kokoschips, 25 g Pistazienkerne,
30 g Kürbiskerne, 20 g Macadamianusskerne, gehackt, 20 g Pinienkerne, 2 Msp. Salz
60 g Roh-Rohrzucker, 4 EL Olivenöl, 1 EL Honig
75 g getrocknete Cranberrys

Alle Flocken, Chips und Kerne mit dem Salz in einer Schüssel mischen. Den Backofen auf 145 °C Ober-/Unterhitze vorheizen. Ein Backblech mit Backpapier belegen.

Den Roh-Rohrzucker mit Olivenöl und Honig in einen Topf geben und unter Rühren bei niedriger Temperatur etwa 5 Minuten köcheln lassen, bis er sich aufgelöst hat. Dann die Zuckermasse mit der Flocken-Kerne-Mischung gut vermengen. Auf dem Backblech verteilen und 30–35 Minuten im Backofen rösten, bis die Mischung goldgelb ist. Dabei gelegentlich wenden.

Die Knabbermischung abkühlen lassen, dann die Cranberrys untermischen.

TIPP: Die Knabbermischung passt zum Aperitif, glänzt aber auch auf jedem Partybuffet.

Partysalat mit Sprießkornweizen und Hähnchenspießen

Für 6 Personen etwa 40 Minuten plus 1–2 Stunden Marinieren und 12 Minuten Grillen

Für die Hähnchenbrustfilets
6 Hähnchenbrustfilets, 1 Knoblauchzehe, je 1 grüne und rote Chilischote,
einige Zweige Koriander, 3 EL frischer Limettensaft, 5 EL Sesamöl, 2 Limettenblätter

Für den Sprießkornweizen
350 ml Gemüsefond, 125 g Sprießkornweizen
20 Datteltomaten oder andere kleine Tomaten, 2 Frühlingszwiebeln, 1 gelbe Paprikaschote,
½ Bund glatte Petersilie

Für die Salatsauce
5 EL Apfelessig, 2 EL milder Senf, Salz, frisch gemahlener Pfeffer, 6 EL Olivenöl (nativ extra)
Öl für den Grillrost, 6 Zitronengrasstängel, Salz, frisch gemahlener Pfeffer
½ Kopf Friséesalat

Die Hähnchenbrustfilets in 24 Stücke zerteilen. Den Knoblauch abziehen und zerdrücken. Die Chilischoten halbieren, von Samen und Scheidewänden befreien und das Fruchtfleisch fein hacken. Den Koriander waschen, trocken schütteln und hacken. In einer Schüssel Knoblauch, Chilischoten und Koriander mit Limettensaft und Sesamöl verrühren. Die Limettenblätter hinzufügen. Das Hähnchenfleisch hineingeben und 1–2 Stunden marinieren.

Inzwischen für den Sprießkornweizen den Fond in einem Topf zum Kochen bringen. Die Körner hineingeben, einmal durchheben und zugedeckt etwa 15 Minuten köcheln, weitere 30 Minuten ohne Temperatur quellen und dann abkühlen lassen.

Die Tomaten waschen und halbieren. Die Frühlingszwiebeln waschen und klein schneiden. Die Paprikaschote halbieren, von Samen und Scheidewänden befreien und das Fruchtfleisch in kleine Stücke schneiden. Die Petersilie waschen, trocken schütteln und hacken.

Für die Salatsauce den Apfelessig mit Senf, Salz und Pfeffer verrühren. Das Olivenöl nach und nach hinzufügen. Den gegarten Sprießkornweizen, die Tomaten, die Frühlingszwiebeln, Paprika und Petersilie mit der Salatsauce in einer Schüssel vermischen. Abgedeckt und gekühlt etwas durchziehen lassen.

Den Backofengrill vorheizen. Den Grillrost einölen, eine Fettpfanne darunterstellen. Das Hähnchenfleisch aus der Marinade nehmen, auf die Zitronengrasstängel stecken, mit Salz und Pfeffer würzen. Etwa 12 Minuten grillen, dabei gelegentlich wenden.

Den Friséesalat waschen und zerteilen. Eine Servierplatte mit den Friséeblättern auslegen. Den Sprießkornweizen darauf verteilen und die Hähnchenspieße darauflegen.

Für 4 Personen
200 g Einkorn
1 Stück Muskatkürbis (etwa 800 g), 350 ml Gemüsefond, 3 Sternanis,
1 EL frischer Zitronensaft, 1 TL Rohrzucker, Salz, 1 EL Butter
1 Frühlingszwiebel, 2 EL Apfelessig, 3 EL Traubenkernöl, frisch gemahlener Pfeffer
4 Kapuzinerkresseblüten

20 Minuten plus 55 Minuten Kochen

Salat mit Einkorn, Muskatkürbis und Kapuzinerkresse

In einem Topf 800 ml Wasser zum Kochen bringen. Das Einkorn hinzufügen, einmal durchheben und abgedeckt bei niedriger Temperatur etwa 30 Minuten garen lassen, bis die Flüssigkeit verkocht ist.

Inzwischen den Backofen auf 185 °C Ober-/Unterhitze vorheizen. Den Kürbis schälen, Kerne und Fasern entfernen. Das Kürbisfruchtfleisch in kleine Stücke schneiden und in eine Auflaufform geben. Den Gemüsefond angießen, Sternanis, Zitronensaft, Rohrzucker, Salz und die Butter in Flöckchen hinzufügen. Die Form mit Alufolie bedecken. Im Backofen auf der zweiten Schiene von unten etwa 25 Minuten garen, bis der Kürbis weich, aber noch bissfest ist.

Die Frühlingszwiebel waschen und klein schneiden. Die Kürbisstücke aus der Auflaufform heben und in einer Schüssel mit Einkorn und Frühlingszwiebel mischen. Die Garflüssigkeit des Kürbis mit Apfelessig und Traubenkernöl verrühren. Mit Salz und Pfeffer würzen und mit dem Salat mischen. Den Salat etwas durchziehen lassen, auf vier Teller verteilen und mit je einer Kapuzinerkresseblüte garnieren.

Löwenzahnsalat mit Quinoa und Roquefortsauce

Für 4 Personen

20 Minuten plus 30 Minuten Kochen und Quellen

75 g Quinoa, Salz
250–300 g zarter Löwenzahn, 1 kleine gelbe Paprikaschote, 50–60 g Walnusskerne, 30 g Roquefort, 125 ml Sahne, frisch gemahlener weißer Pfeffer

Für die Vinaigrette

1½ EL Weißweinessig, 1 TL Honigsenf, 4 EL Olivenöl (nativ extra)

In einem Sieb das Quinoa unter fließendem heißem Wasser abbrausen. In einem Topf das Quinoa mit 200 ml Wasser zum Kochen bringen, salzen und abgedeckt ohne weiteres Umrühren bei niedriger Temperatur 25 Minuten kochen und 5 Minuten ausquellen lassen.

Den Löwenzahn waschen, trocken schütteln und eventuell etwas zerkleinern. Die Paprikaschote halbieren, von Samen und Scheidewänden befreien und in sehr kleine Würfel schneiden. Die Nüsse hacken. Den Roquefort zerkrümeln, mit der Sahne verrühren, salzen und pfeffern.

Für die Vinaigrette den Weißweinessig mit Senf, Salz und Pfeffer mischen und das Olivenöl unterrühren.

Das Quinoa mit Löwenzahn und Paprikawürfeln auf vier Tellern anrichten und mit der Vinaigrette begießen. Mit den Walnüssen und Roquefort-Krümeln bestreuen.

TIPP: Die Vinaigrette lässt sich zur Abwechslung mit abgetropften Kapern, einer geschälten und klein geschnittenen Schalotte sowie einem kleinen, geschälten und klein gewürfelten säuerlichen Apfel variieren.

Meeresalgen-Quinoa-Salat mit geräuchertem Lachs

Für 4 Personen

15 Minuten plus 30 Minuten Kochen und Quellen

220 g Quinoa, 1 kleines Stück frischer Ingwer, Salz, Currypulver
1–2 EL Chilisenf (je nach Schärfe), 2 EL weißer Balsamicoessig, 6 EL Olivenöl
250–300 g Meeresalgen (Salicorn)
200 g geräucherter Lachs in Scheiben

In einem Sieb das Quinoa unter fließendem heißem Wasser abbrausen. Den Ingwer schälen und sehr fein hacken. 500 ml Wasser zum Kochen bringen. Quinoa und Ingwer einstreuen, einmal durchheben und abgedeckt bei niedriger Temperatur 25 Minuten kochen. Mit Salz und Curry würzen. Vom Herd nehmen, 5 Minuten ausquellen und abkühlen lassen.

Chilisenf mit Balsamicoessig verrühren. 4 EL Olivenöl nach und nach unter Rühren dazugeben, dann mit dem Quinoa vermischen.

In einem Sieb die Meeresalgen unter fließendem Wasser gut abbrausen und mit Küchenpapier trocken tupfen. Eine Pfanne leicht erhitzen. Das restliche Olivenöl hineingeben, die Meeresalgen kurz darin schwenken und sofort wieder herausnehmen.

Das Quinoa in Schalen anrichten. Die Meeresalgen darübergeben und mit den Räucherlachsscheiben garnieren.

TIPP: Hübsch lässt sich der Salat auch mit geräuchertem Heilbutt oder gekochten Garnelen anrichten.

Salat mit Quinoa und Feta

Für 4 Personen 15 Minuten plus 25 Minuten Kochen und einige Minuten Ziehen

150 g Quinoa
je 1 rote, grüne und orangefarbene Paprikaschote, 3 Zweige glatte Petersilie, 3–4 Zweige Minze, 100 g mit Mandeln gefüllte grüne Oliven
2 EL Kräuteressig, 2–3 EL Kürbiskernöl, 200 g Feta, Salz, frisch gemahlener Pfeffer

In einem Sieb das Quinoa unter fließendem Wasser abbrausen und gut abtropfen lassen, dann in eine Pfanne geben und ohne Fettzugabe unter Rühren leicht anrösten. Mit 450 ml Wasser ablöschen und bei niedriger Temperatur etwa 25 Minuten köcheln lassen; bei Bedarf noch etwas Wasser angießen. Nach dem Kochen sollte das Wasser verdampft sein, andernfalls abgießen. Das Quinoa in einer Schüssel abkühlen lassen.

Inzwischen die Paprikaschoten waschen, von Samen und Scheidewänden befreien und klein schneiden. Die Petersilie und Minze waschen, trocken schütteln und die Blätter hacken. Die Oliven in dünne Scheiben schneiden.

Erst Kräuteressig und Kürbiskernöl unter das Quinoa rühren, dann Paprikastücke, Kräuter, gewürfelten Feta und Oliven hinzufügen. Mit Salz und Pfeffer abschmecken. Den Salat vor dem Servieren etwas durchziehen lassen.

TIPP: Wer auf Fleisch nicht verzichten möchte, kann einige hauchdünne Scheiben Parmaschinken oder Bresaola (gepökeltes und luftgetrocknetes Rindfleisch) dazulegen.

Ziegenkäse im Quinoa-Weinteig mit Raukesalat

Für 4 Personen

30 Minuten

Für den Raukesalat
125 g Rauke, 8 Kirschtomaten, 1 EL frischer Limettensaft, Salz, frisch gemahlener weißer Pfeffer, 2–3 EL Traubenkernöl

Für den Quinoa-Weinteig
2 Eier, 3 EL Quinoa, fein gemahlen, 100 ml feinherber Weißwein, einige Salbeiblätter
400 g Ziegenkäse, Olivenöl zum Braten

Für den Quinoa-Weinteig Eier, Quinoamehl und Wein verrühren und 10 Minuten ruhen lassen. Inzwischen den Salbei waschen, trocken schütteln und hacken, dann hinzufügen.

Die Rauke waschen, trocken schütteln und eventuell etwas zerkleinern. Die Tomaten waschen, vom Stielansatz befreien und halbieren. Limettensaft mit Salz und Pfeffer verrühren und das Traubenkernöl hinzufügen.

Den Käse in vier gleichmäßige Stücke schneiden und im Weinteig wenden. Etwas Öl erhitzen und den Käse darin auf beiden Seiten goldbraun braten.

Die Rauke und Tomaten mit der Vinaigrette vermischen und den gebratenen Käse zusammen mit dem Salat auf einer Platte anrichten.

Salat mit Bulgur und Oliven

Für 4 Personen

15 Minuten plus 10 Minuten Kochen

1 Zwiebel, 2 EL Chiliöl
150 g Bulgur, 3 TL Tomatenmark, Salz, frisch gemahlener Pfeffer
3 Zweige Minze, 125 g schwarze Oliven, entsteint, ½ Salatgurke

Die Zwiebel abziehen und fein würfeln. In eine Schüssel geben und mit Chiliöl übergießen.

In einem Sieb den Bulgur unter fließendem Wasser abbrausen. In einem Topf 500 ml Wasser zum Kochen bringen, Bulgur einstreuen und bei niedriger Temperatur 10 Minuten kochen. Vom Herd nehmen, das Tomatenmark unterrühren, salzen, pfeffern und etwas abkühlen lassen.

Die Minze waschen, trocken schütteln und die Blätter fein hacken. Zusammen mit den Chili-Zwiebeln und den Oliven unter den Bulgur rühren. Kurz vor dem Servieren die Gurke schälen, in kleine Würfel schneiden und unterheben.

Für 4 Personen
80–100 g Sprießkornroggen
120 g Kichererbsen, 1 Lorbeerblatt
200 g Erbsenschoten, Salz, ½ TL Zucker, 2 Frühlingszwiebeln, 6–8 Cocktailtomaten

Für die Limettensauce
1 unbehandelte Limette, 2 Eigelb (von frischen Bio-Eiern), frisch gemahlener weißer Pfeffer, 1–2 EL weißer Balsamicoessig, 100 ml Traubenkernöl, 1 EL Kapern

20 Minuten plus 3 Tage Keimen, 12 Stunden Quellen und 60–70 Minuten Kochen

Kichererbsensalat mit Roggensprossen und Limettensauce

Den Sprießkornroggen in ein Keimgefäß geben und drei Tage keimen lassen, bis die Keimlinge Kornlänge haben, dabei zweimal täglich wässern.

Die Kichererbsen bereits am Vorabend in kaltem Wasser einweichen. Am nächsten Tag in 1 l Wasser zunächst sprudelnd kochen, das Lorbeerblatt hinzufügen, dann etwa 1 Stunde bei niedriger Temperatur kochen. Abseihen und abkühlen lassen.

Die Erbsenschoten leicht über Wasserdampf garen. Mit Salz und Zucker würzen. Die Frühlingszwiebeln waschen und in dünne Ringe schneiden. Die Tomaten waschen, vom Stielansatz befreien und halbieren.

Für die Sauce etwas Schale der Limette abreiben und den Saft auspressen. Das Eigelb mit Salz und Pfeffer verquirlen. Limettenschale, 4 EL Limettensaft und Balsamicoessig hinzufügen, dann nach und nach das Traubenkernöl dazugießen. Die Kapern unterziehen.

Die Roggensprossen, Kichererbsen, Erbsenschoten, Frühlingszwiebeln und Tomaten in vier Salatschüsseln anrichten. Mit der Limettensauce übergießen und servieren.

Auberginenpüree mit Amarant

Für 4 Personen 20 Minuten plus 20 Minuten Kochen

1 große Zwiebel, 2 Knoblauchzehen, 2 Auberginen (etwa 500 g), einige Zweige Oregano
4 EL Olivenöl, 3–4 EL Tomatenmark, 550–600 ml Gemüsefond, Salz,
frisch gemahlener Pfeffer, ½ TL Kreuzkümmel
8 EL gepuffter Amarant

Die Zwiebel und den Knoblauch abziehen. Die Zwiebel in Ringe schneiden, den Knoblauch hacken. Die Auberginen waschen, den Stielansatz entfernen und das Fruchtfleisch in grobe Stücke schneiden. Den Oregano waschen, trocken schütteln und die Blätter abzupfen.

In einem Topf das Olivenöl erhitzen. Die Zwiebel und die Auberginen darin anbraten. Knoblauch und Tomatenmark hinzufügen und nach einigen Minuten mit dem Gemüsefond ablöschen. Mit Salz, Pfeffer und Kreuzkümmel abschmecken. Etwa 20 Minuten kochen lassen. Etwas Oregano beiseitelegen, den Rest am Ende der Garzeit hinzufügen.

Die Auberginen pürieren und den Amarant untermischen. Mit dem restlichen Oregano garnieren.

TIPP: Dazu passen gegrillte Würstchen oder Tofuschnitten.

Fruchtreis mit Bärlauchsauce

Für 4 Personen 10 Minuten plus 30 Minuten Kühlen

Für die Bärlauchsauce
1 Bund Bärlauch, 3 EL Mandeln, gemahlen, 2 EL Semmelbrösel,
5 EL Olivenöl, 5 EL Sahne, Salz, frisch gemahlener weißer Pfeffer

Für den Fruchtreis
1 Mango, 250 g blaue und 200 g grüne kernlose Trauben,
200 g Langkorn-Naturreis, gekocht und abgekühlt

Den Bärlauch waschen und trocken schütteln. Zusammen mit gemahlenen Mandeln, Semmelbröseln, Olivenöl und Sahne im Mixer pürieren. Mit Salz und Pfeffer abschmecken.

Die Mango schälen, das Fruchtfleisch vom Stein schneiden und würfeln. Die Trauben waschen und von den Rispen zupfen. Den Reis mit den Früchten mischen und 30 Minuten kühl stellen. Fruchtreis und Bärlauchsauce getrennt servieren.

TIPP: Besonders delikat ist der Natur-Jasminreis oder der Rote Reis aus der Camargue.

Schwarzer Reis in Papayas

Für 4 Personen

15 Minuten plus 35 Minuten Kochen

60 g Schwarzer Piemont-Reis, 1 Msp. Salz, 1 Sternanis
2 Papayas (à 350–400 g), 2–3 EL Holunderbeergelee, 4 Minzblätter

In einem Sieb den Reis unter fließendem kaltem Wasser abbrausen. In einem Topf 250 ml Wasser zum Kochen bringen. Den Reis einstreuen, Salz und Sternanis hinzufügen, einmal durchheben und ohne weiteres Umrühren abgedeckt bei geringer Temperatur etwa 35 Minuten köcheln lassen, bis das Wasser verkocht ist. Den Reis abkühlen lassen, den Sternanis entfernen.

Inzwischen die Papayas schälen, halbieren und die Kerne herausschaben. Den Reis mit dem Holunderbeergelee mischen und in die Papayahälften füllen. Mit der Minze garnieren.

Reiskuchen mit Tomaten-Ingwer-Chutney

Für 4–6 Personen

40–45 Minuten plus 35 Minuten Kochen

Für die Reiskuchen
150 g Risottoreis (Vialone, Arborio oder Razza), Salz, 1 Schalotte, ½ Bund Koriander, 2 Eier, 2 EL Weichweizengrieß, frisch gemahlener weißer Pfeffer, ½ TL Currypulver, 3 EL Olivenöl, 20 g Butter

Für das Tomaten-Ingwer-Chutney
600 g sonnengereifte Tomaten, 1 kleine Zwiebel, 1 Knoblauchzehe, 1 Stück frischer Ingwer (etwa 4 cm), 200 ml Reiswein, 35 g Zucker, ½ TL Cayennepfeffer, ½ TL Pimentón

Zuerst das Chutney zubereiten. Dazu die Tomaten kurz in kochendes Wasser tauchen, häuten, vom Stielansatz befreien und hacken. Die Zwiebel und den Knoblauch abziehen. Die Zwiebel würfeln, den Knoblauch zerdrücken. Den Ingwer schälen und fein hacken.

Tomaten, Zwiebel, Knoblauch und Ingwer in einen Topf geben. Den Reiswein angießen. Zucker, Salz, Cayennepfeffer und Pimentón (geräuchertes Paprikapulver) hinzufügen. Bei niedriger Temperatur etwa 35 Minuten kochen. Anschließend abkühlen lassen.

In einem Sieb den Reis unter fließendem kaltem Wasser abbrausen. In einem Topf 375 ml Wasser zum Kochen bringen. Den Reis einstreuen, salzen, einmal durchheben und ohne weiteres Umrühren abgedeckt 18 Minuten bei niedriger Temperatur köcheln, dann abkühlen lassen.

Die Schalotte abziehen und fein hacken. Den Koriander waschen, trocken schütteln und hacken. Den Reis mit Eiern, Grieß, Schalotte und Koriander verrühren. Mit Salz, Pfeffer und Curry abschmecken. Mit feuchten Händen flache Reiskuchen von etwa 6 cm Durchmesser formen.

In einer Pfanne etwas Olivenöl erhitzen, etwas Butter hinzufügen und einige Reiskuchen hineingeben. Diese auf beiden Seiten je 4–5 Minuten braten. Warm stellen, bis alle Reiskuchen gebraten sind. Mit dem Tomaten-Ingwer-Chutney anrichten.

Schabzigerklee-Tarte mit Amarant

Für 4–6 Personen

20 Minuten plus 35 Minuten Kochen und Quellen und 35 Minuten Backen

1 Tarteform (21–22 cm ∅)
500 ml Gemüsefond, 100 g Amarant, Butter für die Form, 1 Schalotte, 4 Zweige Mayoran, 100 g Ziegenfrischkäse, 2 Eier, 1 TL Schabzigerklee, Salz, frisch gemahlener weißer Pfeffer
60 g Butter, 5 Yufka-Teigblätter

In einem Topf den Gemüsefond aufkochen. Inzwischen im Sieb den Amarant unter fließendem heißem Wasser abbrausen. Den Amarant in die kochende Brühe geben und darin etwa 25 Minuten bei geringer Temperatur kochen. Dann 10 Minuten ausquellen und abkühlen lassen.

Die Tarteform fetten. Die Schalotte abziehen und sehr fein hacken. Den Majoran waschen und trocken schütteln, die Hälfte hacken, den Rest beiseitelegen. Den abgekühlten Amarant mit der Schalotte, dem gehackten Majoran, dem Ziegenfrischkäse, den Eiern und dem Schabzigerklee verrühren. Mit Salz und Pfeffer abschmecken.

In einer kleinen Pfanne die Butter zerlassen. Den Backofen auf 180 °C Ober-/ Unterhitze vorheizen. Die Yufka-Teigblätter mit etwas zerlassener Butter bestreichen. Die Blätter jeweils leicht versetzt in die Tarteform legen und oben etwas über den Rand hängen lassen. Die Amarantmasse hineinfüllen. Die Teigränder nochmals mit zerlassener Butter bestreichen und die Tarte im Backofen auf der zweiten Schiene von unten etwa 35 Minuten backen. Sollte der Teig zu dunkel werden, die Temperatur nach der Hälfte der Backzeit auf 170 °C reduzieren. Die Tarte in der Form servieren und mit dem Majoran garnieren.

Quinoa-Salat mit Kürbiskernöl-Vinaigrette

Für 4 Personen

15 Minuten plus 25 Minuten Kochen und Quellen

250 g Quinoa
200 g kleine Strauch- oder Cherrytomaten, 1 Bund Schnittlauch, 2–3 EL Weißweinessig, Salz, frisch gemahlener Pfeffer, 2 TL Estragonsenf, 4 EL Kürbiskernöl
4 Eier, hart gekocht

In einem Sieb das Quinoa unter fließendem heißem Wasser abbrausen. 500 ml Wasser zum Kochen bringen und das Quinoa einstreuen. Einmal durchrühren und abgedeckt bei geringer Temperatur 20 Minuten kochen und 5 Minuten ausquellen lassen. Abkühlen lassen.

Tomaten und Schnittlauch waschen. Den Schnittlauch in Röllchen schneiden. Weißweinessig in eine Schüssel geben. Salz, Pfeffer sowie Estragonsenf zufügen und verrühren. Das Kürbiskernöl hineinrühren. Die Kürbiskernöl-Vinaigrette mit dem Quinoa mischen; durchziehen lassen.

Die Eier pellen und halbieren. Den Quinoa-Salat auf einer Platte anrichten und mit den Eihälften und Tomaten garnieren.

Quinoa-Pfannkuchen auf mexikanische Art

Für 4 Personen 35–40 Minuten plus 25 Minuten Kochen und Quellen

100 g Quinoa, 500 ml Hühnerfond, Salz
3 Zweige Koriander, 1–2 *chiles serranos*, frisch oder eingelegt (aus der Dose),
4 Eier, 100 g Frischkäse, etwa 80 g Maismehl
etwa 5 EL Pflanzenöl, Gemüsewürfel (rote Paprikaschote,
rote Chilischote und Stangensellerie), frischer Koriander und roter Mangold
zum Garnieren, nach Belieben

Im Sieb das Quinoa unter fließendem heißem Wasser abbrausen. Den Hühnerfond aufkochen. Quinoa einstreuen, durchheben und abgedeckt bei geringer Temperatur 20 Minuten kochen. Flüssiges sollte komplett verkocht sein. Nach 5 Minuten mit Salz abschmecken und abkühlen lassen.

Den Koriander waschen und trocken schütteln. Einige Blätter für die Garnitur beiseitelegen, die restlichen fein hacken. Die *chiles serranos* (sehr scharfe Chilischoten) klein schneiden, mit Koriander, Eiern, Frischkäse sowie Maismehl zum Quinoa geben und verrühren.

Einen Teil des Öls in einer beschichteten Pfanne erhitzen. Pro Pfannkuchen jeweils 1 EL Quinoamischung in die Pfanne geben, glatt streichen und von beiden Seiten je 4–5 Minuten braten. Fertige Pfannkuchen warm stellen und so fortfahren, bis der Teig aufgebraucht ist. Die Pfannkuchen mit Korianderblättern und nach Belieben mit Gemüsewürfeln garnieren.

TIPP: Die Kubanische Salsa (siehe Rezept unten) passt hervorragend dazu.

Kubanische Salsa

Für 4 Personen 20 Minuten plus 2 Stunden Kühlen

3 Frühlingszwiebeln, je 1 kleine rote und grüne Paprikaschote,
300 g sonnengereifte kleine Tomaten, 3 Zweige Koriander,
250 g schwarze Bohnen, gekocht, 1 kleine Dose Mais (140 g Abtropfgewicht)
100 ml Rotweinessig, Salz, frisch gemahlener Pfeffer, 2 Msp. Kreuzkümmel,
etwa 2 TL Chilisauce, 4 EL Olivenöl
1 Karambole

Das Gemüse waschen. Die Frühlingszwiebeln fein hacken. Die Paprikaschoten halbieren, von Samen und Scheidewänden befreien und fein würfeln. Die Tomaten vom Stielansatz befreien. Die Hälfte hacken, die anderen Tomaten halbieren. Den Koriander waschen, trocken schütteln und die Blätter hacken. Bohnen und Maiskörner abtropfen lassen.

Den Essig mit Salz, Pfeffer, Kreuzkümmel und Chilisauce verrühren. Das Olivenöl nach und nach hinzufügen. Alle Zutaten in eine Schüssel geben und mit der Vinaigrette übergießen. Abgedeckt 2 Stunden kühl stellen.

Die Karambole (Sternfrucht) waschen, in dünne Scheiben schneiden und die „Sterne“ als Kranz auf einer Platte anrichten. Die Salsa in die Mitte geben.

ROBERT
Germany

Geschrotete Grünkerncrèmesuppe mit geräuchertem Lachs

Für 4–6 Personen

20 Minuten plus 15 Minuten Kochen

2 Schalotten, etwa 125 g Suppengemüse (Karotte, Lauch, Sellerieknolle),
einige Zweige Dill, 150 g geräucherter Lachs
1 EL Chiliöl, 75 g Butter, 75 g fein geschroteter Grünkern, 125 ml trockener Weißwein,
750 ml Gemüsefond, Salz, frisch gemahlener Pfeffer, 1 Msp. Muskatblüte
100 ml Crème fraîche, 200 ml Sahne, 2 Eigelb

Die Schalotten abziehen und fein hacken. Das Suppengemüse waschen und fein würfeln. Den Dill waschen und trocken schütteln. Vier kleine Zweige für die Garnitur beiseitelegen, den restlichen Dill fein hacken. Den Lachs in mundgerechte Stücke schneiden.

Das Chiliöl erhitzen, die Butter hinzufügen und Schalotten sowie Gemüse darin anbraten. Mit dem Grünkernschrot bestauben, anschwitzen lassen und mit Wein und Fond ablöschen. Etwa 15 Minuten bei niedriger Temperatur köcheln lassen. Mit Salz, Pfeffer und Muskatblüte (Macis) würzen.

Gehackten Dill, Crème fraîche, Sahne und Eigelb verrühren. Unter die Suppe ziehen, diese nicht mehr kochen lassen. Mit Salz und Pfeffer abschmecken.

Die Suppe in vorgewärmte Teller schöpfen, den geräucherten Lachs darauf anrichten. Mit dem restlichen Dill garnieren.

TIPP: Sie können Ihr Chiliöl selbst herstellen. Dafür kleine getrocknete Chilischoten im Mörser zerstoßen und mit hochwertigem Olivenöl in eine dunkle Glasflasche geben. An einem kühlen Ort etwa 2 Wochen durchziehen lassen.

Quinoa-Kokosmilch-Suppe mit Chimichurri

Für 4 Personen 10 Minuten plus 25–30 Minuten Kochen

2 Schalotten, 2 EL Rapsöl, 15 g Butter, 60 g Quinoa, 800 ml Hühnerfond
300 ml Kokosmilch, Salz, 2 TL Chimichurri (siehe Tipp), 1–2 TL Orangensenf

Die Schalotten abziehen und fein würfeln. In einem Topf das Rapsöl erhitzen und die Butter hinzufügen. Die Schalotten darin anbraten. In einem Sieb das Quinoa unter fließendem heißem Wasser abbrausen, hinzufügen und einige Minuten unter Rühren mitbraten. Mit Hühnerfond ablöschen und 25–30 Minuten bei niedriger Temperatur köcheln lassen.

10 Minuten vor Ende der Garzeit die Kokosmilch angießen und die Suppe mit Salz und Chimichurri würzen. Unmittelbar vor dem Servieren mit Orangensenf abschmecken.

TIPP: Die argentinische Gewürzsauce Chimichurri besteht hauptsächlich aus getrockneten Zwiebeln, Tomaten, Petersilie, Chili, Knoblauch, Paprika, Pfeffer, Oregano und Basilikum. Sie ist in gut sortierten Lebensmittelgeschäften erhältlich und passt auch gut zu gegrilltem Rindfleisch oder ergibt eine pikante Marinade für Fisch und Geflügel.

Quinoa-Linsen-Suppe

Für 4 Personen 20 Minuten plus 25 Minuten Kochen und Quellen

1 Stange Lauch, 1 große Karotte
2 EL Rapsöl, 1 EL Butter, 1 ¼ l Gemüse- oder Hühnerfond, 75 g buntes Quinoa,
50 g rote Linsen, Salz, frisch gemahlener Pfeffer, ½ TL Kreuzkümmel

Den Lauch gut waschen und in dünne Ringe schneiden. Die Karotte schaben und in Stifte oder Scheiben schneiden.

In einem Topf das Rapsöl erhitzen und die Butter hinzufügen. Den Lauch unter Rühren kurz anbraten. Die Karotte dazugeben und einige Minuten mitbraten. Den Fond angießen und kurz aufkochen lassen. In einem Sieb das Quinoa unter fließendem heißem Wasser abbrausen. Quinoa und Linsen hinzufügen. Die Suppe abgedeckt gut 20 Minuten bei niedriger Temperatur köcheln und anschließend etwas ausquellen lassen. Mit Salz, Pfeffer und Kreuzkümmel abschmecken.

Polentasuppe mit süßem Mais

Für 4 Personen 25 Minuten plus 5–6 Minuten Kochen

1 Zwiebel, 1 Knoblauchzehe, 3 Stangen Sellerie mit Grün (möglichst den inneren Teil),
1 kleine Karotte
4 EL Chiliöl, 20 g Butter, 60 g Polenta (Instant), 1 l Gemüsefond, Salz,
frisch gemahlener Pfeffer, 1 Msp. Piment (nach Belieben), frisch geriebene Muskatnuss
165 g Mais (aus der Dose)

Die Zwiebel und den Knoblauch abziehen. Beides hacken. Die Selleriestangen in sehr feine Scheiben schneiden, das Grün hacken und etwas davon für die Garnitur beiseitelegen. Die Karotte schaben, erst in hauchdünne Scheiben, dann in Streifen schneiden.

Das Chiliöl erhitzen, dann die Butter hinzufügen. Die Zwiebel darin anbraten. Knoblauch und Polenta (Maisgrieß) dazugeben und kurz mitrösten. Selleriescheiben, Selleriegrün und die Karotte hinzufügen und mit dem Gemüsefond ablöschen. Mit Salz, Pfeffer, Piment und Muskatnuss abschmecken. Die Suppe 5–6 Minuten köcheln lassen.

Den Mais abtropfen lassen, hinzufügen und kurz erhitzen. Die Suppe in vier Teller schöpfen, jeweils in die Mitte etwas Selleriegrün geben.

Spinatsuppe mit Ziegenfrischkäse

Für 4 Personen 20 Minuten plus 5–7 Minuten Kochen

450 g Spinat (TK-Ware), 1 Schalotte, 1 Knoblauchzehe
35 g Butter, 4 EL Polenta (Instant), 750 ml Gemüsefond, Salz,
frisch gemahlener Pfeffer, frisch geriebene Muskatnuss
100 g Ziegenfrischkäse, Pinienkerne oder Brotstückchen, geröstet

Den aufgetauten Spinat hacken. Die Schalotte und den Knoblauch abziehen. Beides sehr fein hacken.

In einem Topf die Butter zerlassen. Die Polenta (Maisgrieß) hineinrühren und leicht anschwitzen lassen. Schalotte und Knoblauch hinzufügen. Den Spinat hineingeben und mit dem Gemüsefond ablöschen. Unter Rühren einige Minuten köcheln lassen. Mit Salz, Pfeffer und Muskatnuss würzen.

Den Ziegenfrischkäse einrühren und die Suppe mit den Gewürzen abschmecken. Mit gerösteten Pinienkernen oder Brotstückchen bestreut servieren.

Gemüsefond mit Garnelen und Basmatireis

Für 4 Personen

10 Minuten plus 35 Minuten Kochen und Ziehen

2 EL Sojaöl, 100 g Natur-Basmatireis, 1 ¼ l Gemüsefond,
2 Limettenblätter, Salz, frisch gemahlener Pfeffer
200 g zarter grüner Spargel, 175 g küchenfertige Garnelen ohne Schale
Koriander- oder Petersilienzweige zum Garnieren

In einem Topf das Öl erhitzen und den Basmatireis darin leicht anrösten. Mit dem Gemüsefond ablöschen und aufkochen lassen. Die Limettenblätter, Salz und Pfeffer hinzufügen und den Reis bei niedriger Temperatur 25 Minuten garen.

Inzwischen den Spargel schälen (nur das untere Drittel) und in Stücke schneiden. Den Spargel hinzufügen, nach einigen Minuten auch die Garnelen dazugeben und die Suppe weitere 5 Minuten ziehen lassen. In vier Suppentassen anrichten und nach Belieben mit Koriander- oder Petersilienzweigen garnieren.

Suppe mit Amarant und Kräuterseitlingen

Für 4 Personen

25 Minuten plus 35 Minuten Kochen und Ziehen

1 Zwiebel, 1 Stange Lauch, 1 Karotte, 250 g Kräuterseitlinge
3 EL Öl, 25 g Butter, 200 g Amarant, 1½ l Gemüsefond,
Kräutersalz, frisch gemahlener Pfeffer

Die Zwiebel abziehen und fein hacken. Den Lauch gut waschen und in schmale Ringe schneiden. Die Karotte schaben und in Stifte oder Scheiben schneiden. Die Kräuterseitlinge putzen und in mundgerechte Stücke schneiden.

In einem weiten Topf das Öl erhitzen. Die Pilze kurz anbraten. Butter, Zwiebel und Gemüse hinzufügen und einige Minuten mitbraten. In einem Sieb den Amarant unter fließendem heißem Wasser abbrausen und dazugeben. Mit dem Gemüsefond ablöschen. Abgedeckt 25 Minuten bei niedriger Temperatur köcheln lassen. Die Suppe mit Kräutersalz und Pfeffer kräftig abschmecken, dann auf der ausgeschalteten Herdplatte abgedeckt 10 Minuten ziehen lassen.

Für 4–6 Personen
350 g Lammschulter (ohne Knochen), 200 g Kürbisfruchtfleisch, 1 Zwiebel,
1 kleines Bund Koriander
5 EL Olivenöl, Salz, frisch gemahlener Pfeffer, 1 Msp. Piment, 2 Msp. Kardamom,
frisch geriebene Muskatnuss, 1 TL Kurkuma, 1 TL getrocknete Minze, 2 EL Tomatenmark,
140 g Weizen, geschrotet

35 Minuten plus 45 Minuten Kochen

Algerische Schrotsuppe

Das Fleisch waschen, trocken tupfen und in schmale Streifen schneiden. Das Kürbisfleisch in kleine Stücke schneiden. Die Zwiebel abziehen und fein hacken. Den Koriander waschen und trocken schütteln. Einige Blätter für die Garnitur beiseitelegen, den restlichen Koriander hacken.

In einem Topf das Öl erhitzen. Das Fleisch darin anbraten. Die Zwiebel hinzufügen und einige Minuten weiterbraten. Den Kürbis dazugeben und mit 1½ l Wasser ablöschen. Mit Salz, Pfeffer, den Gewürzen und der getrockneten Minze würzen. Tomatenmark und Weizenschrot in die Suppe rühren. Abgedeckt bei niedriger Temperatur etwa 45 Minuten köcheln lassen, bei Bedarf etwas Flüssigkeit nachgießen.

Den gehackten Koriander unterrühren und die Suppe abschmecken. Die Suppe mit Korianderblättern garniert servieren.

Kürbis-Kokos-Suppe mit Amarant

Für 4 Personen — 30 Minuten plus 25 Minuten Kochen

etwa 500 g Kürbis (z. B. Muscade de Provence), 1 Zwiebel, 1 Apfel
3 EL Olivenöl, 1 EL Butter, 100 g Amarant, 900 ml Gemüse- oder Hühnerfond, 1 Lorbeerblatt, Salz, frisch gemahlener Pfeffer, 1 TL Currypulver, ½–1 TL Kurkuma, ½ TL Kreuzkümmel
125 ml Kokosmilch, 1–2 TL Waldmeistergelee, 3 EL Kürbiskerne, Kürbiskernöl und frischer Waldmeister (nach Belieben)

Den Kürbis schälen, dann Kerne und Fasern entfernen. Das Fruchtfleisch grob würfeln. Die Zwiebel abziehen und hacken. Den Apfel vom Kerngehäuse befreien und würfeln.

In einem Topf das Öl erhitzen und die Butter hinzufügen. Kürbis, Zwiebel und Apfel hineingeben und alles 5 Minuten anbraten. In einem Sieb den Amarant unter fließendem heißem Wasser abbrausen und hinzufügen. Mit dem Fond ablöschen. Das Lorbeerblatt hineingeben und die Suppe mit Salz, Pfeffer, Currypulver, Kurkuma und Kreuzkümmel würzen. Abgedeckt bei niedriger Temperatur 20 Minuten kochen.

Die fertig gegarte Suppe pürieren, die Kokosmilch und das Waldmeistergelee hinzufügen und nochmals 5 Minuten leicht kochen lassen. Dann abschmecken, mit den Kürbiskernen bestreuen und nach Belieben mit Kürbiskernöl und frischem Waldmeister garnieren.

Nussige Tomatensuppe mit Teff

Für 4 Personen — 20 Minuten plus 20 Minuten Kochen

1 Zwiebel, 1 Knoblauchzehe
40 g Teffmehl, 40 g Butter, 2 EL Tomatenmark, 500 ml Gemüsefond, 500 ml Tomatensaft, Kräutersalz, 1–2 Msp. Chilipulver, frisch gemahlener Pfeffer
4 EL Crème fraîche, 4 TL Pistazien, gehackt

Die Zwiebel und den Knoblauch abziehen. Die Zwiebel würfeln, den Knoblauch zerdrücken.

In einem Topf Teffmehl ohne Fett leicht rösten. Dabei ständig rühren, bis ein nussiger Geruch aufsteigt. Die Butter dazugeben und zerlassen, dann die Zwiebel und den Knoblauch darin anschwitzen. Nach einigen Minuten Tomatenmark, Gemüsefond und Tomatensaft hinzufügen und kurz aufkochen lassen. Die Suppe mit Kräutersalz, Chilipulver und Pfeffer abschmecken. Bei niedriger Temperatur 20 Minuten köcheln lassen.

Die Suppe pürieren und in vier vorgewärmte Teller schöpfen. Je 1 EL Créme fraîche in die Mitte geben, etwas verstreichen und die Pistazien darüberstreuen.

Joghurtsuppe mit Bulgur

Für 4 Personen

25 Minuten plus 10 Minuten Kochen

100 g Bulgur, Salz
einige Zweige Minze, 1 rote Zwiebel
1 Ei, 25 g Teffmehl, 500 g türkischer Joghurt (10 % Fettgehalt), ½ TL Kreuzkümmel,
½ TL Schabzigerklee, ½ TL Koriander, 1 Msp. Chilipulver, 1 Msp. Anis,
frisch gemahlener Pfeffer
25 g Butter

In einem Topf den Bulgur mit 400 ml Wasser zum Kochen bringen, salzen und abgedeckt etwa 10 Minuten kochen lassen, bis der Bulgur weich ist.

Die Minze waschen, trocken schütteln und die Blätter hacken. Die Zwiebel abziehen, halbieren und in dünne Halbringe schneiden.

In einer Schüssel das Ei mit Teffmehl verquirlen. Joghurt, 500 ml Wasser und die Gewürze hinzufügen. Alles unter Rühren zum Bulgur geben. Bei geringer Temperatur und ständigem Rühren aufkochen lassen. Dann die Suppe vom Herd nehmen, abschmecken und warm halten.

In einer Pfanne die Butter zerlassen. Die Zwiebel darin leicht anbraten. Die Suppe in vier Suppenteller schöpfen. Die Zwiebel und die Minze daraufgeben.

Joghurtsuppe mit Gerste

Für 4 Personen

15 Minuten plus 75 Minuten Kochen

1 ¼ l kräftiger Lammfond, 70 g Gerste
400 g Joghurt (10 % Fettgehalt), 2 Eigelb, 3 TL getrocknete Minze, Salz,
frisch gemahlener Pfeffer, 1–2 Msp. Kreuzkümmel
25 g Butter

Den Lammfond in einen Topf gießen. In einem Sieb die Gerste unter fließendem Wasser abbrausen und dazugeben. Unter Rühren aufkochen und 75 Minuten bei niedriger Temperatur kochen lassen.

Den Joghurt mit Eigelb und 1 TL Minze verrühren und in die heiße Suppe geben, aber nicht mehr kochen lassen. Mit Salz, Pfeffer und Kreuzkümmel abschmecken und vom Herd nehmen.

In einer Pfanne die Butter zerlassen, die restliche Minze hinzufügen und kurz anschwitzen. Die Suppe in vier vorgewärmte Teller schöpfen und die Minze darübergeben.

Gemüsefond

Für etwa 2 l

40 Minuten plus 1½–2 Sunden Ziehen

1 Zwiebel, 1 Gemüsezwiebel, 3 Karotten, ¼ Weißkohl, vom Strunk befreit, ½ Knolle Sellerie, möglichst mit Grün, 1 Stange Sellerie, etwa 250 g Lauch, 100 g Brokkolistiele, 1 kleine Zucchini
1 EL Raps- oder Olivenöl, 20 g Butter, 250 ml trockener Weißwein, nach Belieben, 1 Zweig Thymian, 1–2 Zweige glatte Petersilie, 1 kleiner Zweig Liebstöckel, 1 Lorbeerblatt, 1 Knoblauchzehe, abgezogen, 1 TL Koriandersamen, 1 TL schwarze Pfefferkörner, ½ TL weiße Pfefferkörner, 1 Gewürznelke, ½ TL Wacholderbeeren, Salz

Die Zwiebel ungeschält halbieren. Die Gemüsezwiebel abziehen und in Halbringe schneiden. Das Gemüse putzen, waschen, schälen und in grobe Würfel oder Ringe schneiden. Die Gewürze in ein Tee-Ei oder einen Mullbeutel geben.

Einen kleinen Topf erhitzen. Die halbierte Zwiebel mit der Schnittfläche nach unten auf den heißen Topfboden legen und leicht bräunen lassen. Dann 500 ml kaltes Wasser angießen und bis knapp unterhalb des Siedepunkts erhitzen.

Einen großen Topf erhitzen. Das Öl hineingeben. Die Butter hinzufügen und die Gemüsezwiebel darin hell anschwitzen. Das Gemüse dazugeben, kurz mitanschwitzen und mit dem Weißwein ablöschen. 3½ l kaltes Wasser hinzufügen, Kräuter, Knoblauch, Gewürze sowie die angebräunte Zwiebel samt Wasser dazugeben. Bis knapp unterhalb des Siedepunkts erhitzen und das Gemüse bei niedriger Temperatur 1½–2 Stunden ziehen lassen. Dabei die Flüssigkeit mehrmals abschäumen.

Die Flüssigkeit durch ein feines Sieb oder ein Tuch in einen sauberen Topf passieren, auf die Hälfte einkochen lassen und dann erst leicht salzen.

TIPP: Der Fond kann sofort verwendet oder in Flaschen abgefüllt im Kühlschrank einige Tage gelagert werden. Nach Belieben kann man ihn auch in kleinen Portionen einfrieren. Das Gemüse kann püriert in Suppen, Saucen oder Ragouts gegeben werden.

Hühnerfond mit Minze-Grießklößchen

Für 4–6 Personen 30 Minuten plus 80–90 Minuten Kochen

Für den Hühnerfond
600–800 g Hühnerklein, Salz
1 kleine Karotte, 1 kleines Stück Sellerieknolle, 1 Stück Petersilienwurzel

Für die Minze-Grießklößchen
8 Minzblätter, 50 g weiche Butter, 1 zimmerwarmes Ei, 50 g feiner Weizengrieß, Salz, frisch geriebene Muskatnuss

Das Hühnerklein waschen. In einem Topf 1½ Liter Wasser zum Kochen bringen und salzen. Das Hühnerklein hineingeben und 40 Minuten kochen lassen.

Inzwischen das Gemüse waschen. Etwa ⅔ davon klein schneiden und zu dem Hühnerklein geben. Weitere 30 Minuten kochen lassen. Dann die Brühe durch ein Sieb in einen anderen Topf abseihen, bei Bedarf das Fett abschöpfen. Das restliche Gemüse in feine Streifen hobeln, in die Brühe geben und etwa 10 Minuten köcheln lassen. Es soll gar, aber noch bissfest sein.

Für die Minze-Grießklößchen die Minze waschen, trocken schütteln und hacken. Die Butter schaumig rühren, das Ei hinzufügen. Den Grieß einrieseln lassen. Mit Salz und Muskatnuss würzen. Die Minze dazugeben und alles gut vermengen. Mithilfe von zwei Teelöffeln aus der Masse Klößchen formen und in den kochenden Hühnerfond geben. Einige Minuten knapp unterhalb des Siedepunkts ziehen lassen.

Den Hühnerfond mit dem Gemüse und den Minze-Grießklößchen in Suppenteller schöpfen.

Brotsuppe mit Mais

Für 4 Personen 15 Minuten plus 30 Minuten Einweichen plus 15 Minuten Kochen

100 g altbackenes Brot, 500 ml Gemüsefond, 500 ml Milch
1–2 möglichst frische Knoblauchzehen, 100 g Erbsen (TK-Ware), 125 g Mais (aus der Dose), Salz, frisch gemahlener Pfeffer, 1–2 Msp. Muskatblüte (Macis)

In einer Schüssel das Brot mit 500 ml kochendem Wasser übergießen. 30 Minuten einweichen, dann mit dem Einweichwasser, dem Gemüsefond und der Milch in einen Topf geben. Unter Rühren einige Minuten kochen lassen.

Den Knoblauch abziehen, zerdrücken und hinzufügen. Die Suppe pürieren. Die Erbsen mit wenig Wasser etwa 8 Minuten kochen. Die Maiskörner abtropfen lassen. Erbsen und Maiskörner in die Suppe rühren. Mit Salz, Pfeffer und Muskatblüte (Macis) abschmecken.

EIN HAUCH VON MEER

Fisch und Meeresfrüchte

Nichts harmoniert wohl besser als das Aroma von Fisch und Schalentieren mit dem leichten Duft von Reis. Der Reichtum an den verschiedensten Reissorten ermöglicht dazu eine Vielzahl von Kombinationsmöglichkeiten mit allem, was Meere, Flüsse und Seen zu bieten haben. Doch das ist noch lange nicht alles, denn nicht nur Reis ergänzt Fisch hervorragend, auch eine Roggen-Pumpernickelhaube steht ihm gut und eine Quinoafüllung sorgt für einen tollen Aha-Effekt.

Matcha-Bulgur mit Guacamole

Für 6 Personen 20 Minuten plus 10 Minuten Kochen

225 ml Gemüsefond, 75 g Bulgur
1 TL Matcha, ½ rote Paprikaschote
1 reife Avocado, 1 möglichst frische Knoblauchzehe, 2 EL Avocadoöl,
1–2 EL frischer Limettensaft, Salz, frisch gemahlener Pfeffer
6 Garnelenschwänze, gekocht, Avocadospalten und Salbei zum Garnieren
(nach Belieben)

In einem Topf den Gemüsefond zum Kochen bringen. Den Bulgur hineinstreuen und bei niedriger Temperatur 10 Minuten köcheln lassen.

Matcha (japanischer Grüner Tee) in 1 EL warmem Wasser (etwa 70 °C) auflösen und zu dem Bulgur geben. Die Paprikaschote waschen, halbieren, von Samen und Scheidewänden befreien und in kleine Würfel schneiden. Dann ebenfalls unter den Bulgur mischen.

Für die Guacamole die Avocado halbieren, den Stein entfernen und das Fruchtfleisch mit einem Löffel aus der Schale heben. Den Knoblauch abziehen, durchpressen und mit Avocadoöl, Limettensaft, Salz und Pfeffer zur Avocado geben. Alles pürieren.

Den Bulgur auf sechs kleine Gläser verteilen. Die Guacamole nockenförmig daraufgeben und die Garnelenschwänze darauf anrichten. Nach Belieben mit Avocadospalten und Salbei garnieren.

Für 4 Personen
75 g Sushi-Reis, Salz, 1 EL Reisessig, 2 Msp. Zucker
100–120 g Kürbisfruchtfleisch, 12 kleine Calamari-Tuben (10–12 cm),
1 Zweig glatte Petersilie, einige Stängel Schnittlauch, 30 g Pinienkerne,
40 g Butter, frisch gemahlener Pfeffer
5 EL Olivenöl, 5 EL Gemüsefond oder Wein
6 Cocktailtomaten, 1 Zweig Petersilie

40 Minuten plus 12 Minuten Kochen plus 4–6 Minuten Braten

Gefüllte Calamari

In einem Sieb den Reis unter fließendem kaltem Wasser abbrausen. In einem Topf 175 ml Wasser zum Kochen bringen, salzen, den Reis einstreuen, einmal durchheben und abgedeckt 12 Minuten bei niedriger Temperatur köcheln lassen. Den Reis in eine Schüssel geben. Reisessig mit Zucker verrühren und unter den Reis heben.

Das Kürbisfruchtfleisch in kleine Stücke schneiden. Die Calamari unter fließendem Wasser abbrausen und trocken tupfen. Die Kräuter waschen und trocken schütteln. Die Petersilie hacken, den Schnittlauch in Röllchen schneiden. Die Pinienkerne hacken und mit den Kräutern in die Butter kneten, salzen und pfeffern.

In einer Pfanne 1 EL Olivenöl erhitzen und das Kürbisfruchtfleisch darin leicht anbraten. Gemüsefond oder Wein angießen und garen, bis das Fruchtfleisch weich ist. Die Flüssigkeit sollte verkocht sein, sonst abgießen. Den Kürbis hacken, mit dem Reis und der Pinienkern-Kräuter-Butter vermischen. Mit Salz und Pfeffer abschmecken.

Vorsichtig mithilfe eines Teelöffels oder eines Spritzbeutels die Masse in die Calamari-Tuben füllen. Mit einem Zahnstocher verschließen.

In einer weiten Pfanne das restliche Olivenöl erhitzen und die Calamari darin auf beiden Seiten je 2–3 Minuten braten. Inzwischen die Cocktailtomaten waschen und halbieren. Die Petersilie waschen und trocken schütteln. Die gebratenen Calamari auf einer Platte anrichten, mit etwas Bratfett beträufeln und mit Cocktailtomaten und Petersilie garnieren.

TIPP: Gefüllte Calamari eignen sich gut als Fingerfood!

Jakobsmuscheln auf Bulgur mit Kürbis

Für 4 Personen 25 Minuten plus 25 Minuten Kochen

350 g Kürbisfruchtfleisch (Muscade de Provence oder Hokkaido), 250 ml Apfelcidre,
1 Sternanis, Salz, frisch gemahlener Pfeffer
6 frische Jakobsmuscheln, ausgelöst (ersatzweise TK-Ware), 250 ml Milch, 1 Schalotte
500 ml Gemüsefond, 150 g Bulgur, 60 g Butter, 1 TL Matcha
2 EL Olivenöl, ½ TL Safranfäden, 100 ml Sahne, 2–3 EL Crème fraîche,
frisch gemahlener weißer Pfeffer

Den Backofen auf 185 °C vorheizen. Das Kürbisfruchtfleisch in kleine Stücke schneiden und in eine Auflaufform geben. Den Apfelcidre angießen, Sternanis hinzufügen, salzen und pfeffern. Die Form mit Alufolie abdecken. Den Kürbis im Backofen etwa 25 Minuten garen, bis er weich, aber noch bissfest ist.

Die Jakobsmuscheln in eine Schüssel geben und mit der Milch übergießen. Die Schalotte abziehen und fein würfeln.

Während der Kürbis gart, in einem Topf den Gemüsefond erhitzen. Den Bulgur einstreuen, umrühren und bei niedriger Temperatur 10 Minuten köcheln lassen. Die Hälfte der Butter hineinrühren. Matcha (japanischer Grüner Tee) in 1 EL warmem Wasser (etwa 70 °C) auflösen und zum Bulgur geben. Warm halten.

Die Jakobsmuscheln aus der Milch nehmen und mit Küchenpapier trocken tupfen. Die Nuss der Jakobsmuscheln einmal quer halbieren.

In einer Pfanne das Öl erhitzen. Die restliche Butter (30 g) hinzufügen. Die Schalotte darin anbraten. Die Jakobsmuscheln hineingeben und auf beiden Seiten je etwa 1 Minute braten. Die Safranfäden in der Sahne auflösen und angießen. Crème fraîche hinzufügen. Die Sauce mit Salz und weißem Pfeffer würzen.

Die Jakobsmuscheln mit dem Kürbis in Muschelschalen anrichten (oder auf vorgewärmten Tellern) und mit etwas Sauce beträufeln. Die restliche Sauce und den Bulgur getrennt dazu reichen.

Gumbo aus New Orleans

Für 4 Personen

55 Minuten plus 35 Minuten Kochen

750 g Muscheln, 300 ml trockener Weißwein, 2 Lorbeerblätter, Salz
2 Zwiebeln, 1 Knoblauchzehe, je 1 kleine rote und grüne Paprikaschote, 2 Stangen Sellerie, 250 g Okra, 4 sonnengereifte Tomaten
500 g Fischfilet (z. B. Roter Schnapper, Schwertfisch, Kabeljau), Saft von ½ Limette, 200 g Langkornreis, 3 EL Erdnussöl, ½ l Fischfond, frisch gemahlener Pfeffer, ½ TL Cayennepfeffer, ½ TL Paprikapulver, je 2 Zweige Thymian und Oregano, 300 g küchenfertige Garnelen, einige Tropfen Tabascosauce, 4 Zweige glatte Petersilie

Die Muscheln waschen, bürsten und vorhandene Fäden abziehen. Offene Muscheln entfernen. In einem Topf Wein mit Lorbeerblättern aufkochen, etwas Salz und die Muscheln hineingeben. Abgedeckt etwa 3 Minuten kochen, bis sie sich geöffnet haben. Dabei den Topf ab und zu schwenken. Die Muscheln durch ein Sieb abseihen (den Fond auffangen und beiseitestellen). Muscheln, die sich nicht geöffnet haben, wegwerfen.

Die Zwiebeln und den Knoblauch abziehen. Die Zwiebeln fein hacken, den Knoblauch zerdrücken. Paprika, Sellerie und Okra waschen, putzen und klein schneiden. Die Tomaten kurz in kochendes Wasser tauchen, häuten, vom Stielansatz befreien und hacken.

Das Fischfilet unter fließendem Wasser abbrausen, trocken tupfen und in Stücke schneiden. Mit Limettensaft beträufeln und salzen. In einem Sieb den Reis unter fließendem kaltem Wasser abbrausen. In einem Topf 350 ml Salzwasser zum Kochen bringen, den Reis hineingeben, sprudelnd aufkochen. Einmal durchrühren und zugedeckt 18 Minuten quellen lassen; er sollte dann bissfest sein.

In einem weiten Topf das Öl erhitzen. Die Zwiebel darin anbraten. Knoblauch, Paprika und Sellerie hinzufügen und weitere 5 Minuten braten. Die Tomaten dazugeben, kurz mitbraten und mit dem Muschel- und Fischfond ablöschen. 600 ml heißes Wasser und Okra hinzufügen. Mit Salz, Pfeffer, Cayennepfeffer und Paprikapulver würzen. Oregano- und Thymianzweige abbrausen und dazugeben. Etwa 15 Minuten bei niedriger Temperatur kochen lassen.

Den Fisch einlegen, nach etwa 3 Minuten Reis, Garnelen und Muscheln hinzufügen, kurz aufkochen und ziehen lassen. Mit Tabascosauce würzen. Die Petersilie waschen, trocken schütteln und das Gericht damit garnieren.

Amarant-Avocado-Püree mit Garnelen

Für 4 Personen

35 Minuten plus 35 Minuten Kochen und Quellen

1 Schalotte, 1 Knoblauchzehe, ½ TL Kräuter der Provence, 7 EL Olivenöl,
12 küchenfertige Garnelen (ohne Kopf, aber mit Schwanzfächer)
150 g Amarant, 700 ml Gemüsefond
125 g Algen (Salicorn), 1 kleine rote Chilischote, 2 Avocados, Saft von ½ Limette,
Salz, frisch gemahlener Pfeffer

Die Schalotte und den Knoblauch abziehen. Die Schalotte fein hacken, den Knoblauch in Scheiben schneiden. Mit Kräutern der Provence und 6 EL Olivenöl in eine Schale geben. Die Garnelen darin abgedeckt marinieren.

Inzwischen in einem Sieb den Amarant unter fließendem heißem Wasser abbrausen. Den Gemüsefond aufkochen. Amarant hineingeben und 25 Minuten bei niedriger Temperatur köcheln lassen. Anschließend 10 Minuten ausquellen und abkühlen lassen.

Die Algen waschen und auf Küchenpapier trocknen lassen. Die Chilischote halbieren, von Samen und Scheidewänden befreien und sehr fein schneiden. Die Avocados halbieren, den Stein entfernen, das Fruchtfleisch mit einem Löffel aus der Schale heben und mit Limettensaft beträufeln. Amarant und Avocado pürieren. Mit Salz und Pfeffer würzen.

Die Garnelen aus dem Öl nehmen. In einer Pfanne das restliche Olivenöl (1 EL) erhitzen und die Garnelen darin 4–5 Minuten braten, zwischendurch wenden. Herausnehmen, salzen, pfeffern und warm halten. Die Algen in die Pfanne hineingeben, kurz in dem Öl schwenken und herausnehmen.

Zum Servieren das Amarant-Avocado-Püree auf vier Tellern verteilen. Die Garnelen darauf-legen und das Gericht mit den Algen garnieren. Mit der Chilischote bestreuen.

Skrei mit Quinoakruste

Für 4 Personen — 15 Minuten plus 15–20 Minuten Braten

35–40 g Quinoa, fein geschrotet, 2–3 Zweige Thymian, 2 Eier, 4 Skreifilets,
2 EL frischer Limettensaft, Salz
Olivenöl zum Braten, frisch gemahlener weißer Pfeffer

Quinoaschrot in einen tiefen Teller geben. Den Thymian waschen, trocken schütteln, die Blätter fein hacken und unter das Quinoa mischen. In einem weiteren tiefen Teller die Eier verquirlen. Den Skrei (Winter-Kabeljau) unter fließendem Wasser abbrausen, trocken tupfen, mit Limettensaft beträufeln und salzen.

Die Skreifilets zunächst im Ei wenden, dann im Quinoaschrot. Die Panade etwas andrücken.

In einer Pfanne etwas Öl erhitzen und den Fisch hineingeben. Die Fischfilets auf beiden Seiten je 8–10 Minuten braten, bis der Fisch gar ist. Mit Salz und Pfeffer würzen.

Kabeljau mit Amarantkruste

Für 4 Personen — 10 Minuten plus 15–20 Minuten Backen

700 g Kabeljaufilet, 1 EL frischer Zitronensaft, Salz
1–2 EL Olivenöl, 2 Eier, 1 EL Bärlauchsenf, 6 EL gepuffter Amarant,
2 EL Vollkorn-Semmelbrösel, frisch gemahlener weißer Pfeffer

Das Kabeljaufilet unter fließendem Wasser abbrausen, trocken tupfen, mit Zitronensaft beträufeln, salzen und in vier Portionen teilen.

Den Backofen auf 190 °C Ober-/Unterhitze vorheizen. Den Boden einer großen feuerfesten Form mit Öl fetten. Die Eier mit dem Bärlauchsenf verrühren. Den Amarant und die Semmelbrösel hinzufügen. Mit Salz und Pfeffer würzen. Die Masse auf die Kabeljaustücke streichen, diese nebeneinander in die Form legen. Im Backofen 15–20 Minuten backen.

TIPP: Zum Kabeljau wie auch zum Skrei (siehe Rezept oben) passen Reis, Kartoffeln oder Kartoffelpüree und gemischter Salat.

Für 4 Personen
150 g Quinoa, 750 ml Gemüse- oder Fischfond
1 kleine Zwiebel, 300 g Pak-Choi, 1 Frühlingszwiebel mit Grün, 1 kleine, milde rote Chilischote
3 EL Rapsöl, Salz, frisch gemahlener weißer Pfeffer
etwa 400 g Fischfilet (Heilbutt, Kabeljau oder Lachs), 1 EL frischer Limettensaft
12 Reisblätter (etwa 22 cm Ø)
6 EL Erdnussöl
rosa Pfefferbeeren zum Garnieren (nach Belieben), Sojasauce oder Chinesische Austernsauce

45 Minuten plus 25 Minuten Kochen und Quellen und 6–8 Minuten Braten

Fisch im Reisblatt mit Quinoa

In einem Sieb das Quinoa unter fließendem heißem Wasser abbrausen. In einem Topf den Fond zum Kochen bringen. Das Quinoa einstreuen, einmal durchheben und abgedeckt bei niedriger Temperatur 20 Minuten kochen und 5 Minuten ausquellen lassen. Die Flüssigkeit sollte komplett verkocht sein.

Die Zwiebel abziehen und fein würfeln. Den Pak-Choi waschen. Die Blattrippen dann sehr klein schneiden, die Blätter hacken. Die Frühlingszwiebel waschen und fein hacken, das Grün für die Garnitur beiseitelegen. Die Chilischote halbieren, von Samen und Scheidenwänden befreien und hacken.

In einer Pfanne das Rapsöl erhitzen. Die Zwiebelwürfel mit den Pak-Choi-Blattrippen hineingeben und unter Rühren leicht braten. Nach 3 Minuten die Pak-Choi-Blätter und die gehackte Frühlingszwiebel hinzufügen. Alles weitere 3 Minuten braten. Die Pfanne anschließend vom Herd nehmen und die Mischung mit Quinoa und der gehackten Chilischote vermengen. Mit Salz und Pfeffer pikant abschmecken.

Das Fischfilet in gleichmäßige kleine Stücke (à 30–35 g) schneiden, mit Limettensaft beträufeln, salzen und pfeffern.

Die Reisblätter nacheinander in heißes Wasser tauchen, herausnehmen und auf ein sauberes Küchentuch legen. Die Blätter mit der Quinoa-Pak-Choi-Mischung sowie etwas Fischfilet füllen und zu Päckchen verschließen.

In einer Pfanne das Erdnussöl erhitzen und die Päckchen darin 3–4 Minuten braten. Dann wenden und auf der anderen Seite ebenso lange braten.

Die Reisblatt-Päckchen herausnehmen und auf einer Platte anrichten. Mit Frühlingszwiebelgrün und nach Belieben mit rosa Pfefferbeeren garnieren. Die Soja- oder Austernsauce getrennt dazu reichen.

Olivenreis mit Garnelen

Für 4 Personen

20 Minuten plus 20 Minuten Kochen

250 g Langkornreis, 600 ml Hühnerfond
1 roter Bio-Apfel, 100 g mit Mandeln gefüllte grüne Oliven
3 EL Olivenöl, 200 g küchenfertige Garnelen, etwa 2 EL mildes Ajvar (siehe Tipp),
Salz, frisch gemahlener Pfeffer

In einem Sieb den Reis unter fließendem kaltem Wasser abbrausen. In einem Topf den Hühnerfond zum Kochen bringen. Den Reis einstreuen, einmal durchheben und abgedeckt ohne Umrühren 20 Minuten bei geringer Temperatur köcheln lassen.

Inzwischen den Apfel waschen (nicht schälen), vom Kerngehäuse befreien und klein würfeln. 5 Minuten vor Ende der Garzeit die Apfelstücke unter den Reis mischen. Die Oliven in Scheiben schneiden.

In einer Pfanne das Öl erhitzen und die Garnelen von allen Seiten etwa 5 Minuten leicht braten. Wenn der Reis gar ist, Ajvar und Oliven hinzufügen. Mit Salz und Pfeffer würzen. Den Reis in eine Schüssel geben. Die Garnelen darauf anrichten.

TIPP: Ajvar ist ein Mus aus Paprikaschoten und Auberginen, das vor allem auf dem Balkan sehr beliebt ist. Als Fertigprodukt gibt es Ajvar in allen Schärfegraden von mild bis scharf. Will man es selbst zubereiten, röstet man enthäutete Paprikaschoten mit Auberginen an (Grill oder Backofen) und brät sie dann in Öl. Gewürzt wird die pürierte Masse nach Geschmack mit Salz, Pfeffer, Knoblauch, Zwiebel und Zitronensaft oder Essig.

Gebratene Garnelen auf Basmatireis mit Schnittknoblauchblüten

Für 4 Personen

30 Minuten plus 30 Minuten Kochen

1 Zwiebel, 250 g Basmati-Naturreis, 6 Stängel Schnittknoblauch mit Blüten (siehe Tipp)
6 EL Erdnussöl, 400 ml Hühnerfond, 3 Limettenblätter, Salz, 1–2 Msp. Chilipulver,
2 Msp. Paprikapulver
400 g große küchenfertige Garnelen (frisch oder TK-Ware)
4 EL Kokosmilch, einige Chilifäden

Die Zwiebel abziehen und fein würfeln. In einem Sieb den Basmatireis unter fließendem kaltem Wasser abbrausen. Den Schnittknoblauch waschen, trocken schütteln und in Röllchen schneiden. Die Blüten beiseitelegen.

In einem Topf 3 EL Erdnussöl erhitzen und die Zwiebel darin anbraten. Den Reis dazugeben und mit Hühnerfond und 400 ml Wasser ablöschen. Die Limettenblätter hinzufügen. Mit Salz, Chili- und Paprikapulver würzen. Den Reis zum Kochen bringen und 30 Minuten bei niedriger Temperatur köcheln lassen.

In einer Pfanne das restliche Öl erhitzen und die Garnelen darin einige Minuten auf beiden Seiten braten. Den Schnittknoblauch hinzufügen und kurz mitbraten, dann sofort vom Herd nehmen.

Die Kokosmilch in den Reis rühren und kurz erhitzen. Den Reis auf einer vorgewärmten Platte anrichten und die Garnelen mit dem Schnittknoblauch darauf verteilen. Mit Chilifäden und den Schnittknoblauchblüten garnieren.

TIPP: Schnittknoblauch ist geschmacklich eine Mischung aus Knoblauch und herkömmlichem Schnittlauch. Er ist in den meisten Asialäden erhältlich.

Steinbeißer mit Amaranthaube und Thaibonnet-Reis

Für 4 Personen 30 Minuten plus 15–20 Minuten Backen und 18 Minuten Kochen

4 Steinbeißerfilets (à etwa 180 g), Saft und etwas Schale von 1 unbehandelten Limette, Salz
je 2 Zweige Dill, glatte Petersilie und Zitronenmelisse, 2 Schalotten, 1 Knoblauchzehe,
2 EL Olivenöl, 2 EL Butter
2 Eiweiß, 1 EL provencalischer Senf, 1 TL Tomatenmark, 1 TL Sardellenpaste,
40 g Semmelbrösel, 5 EL gepoppter Amarant, frisch gemahlener Pfeffer
200 g Thaibonnet-Reis (Langkornreis), Koriander- oder Petersilienzweige zum Garnieren

Die Fischfilets mit Limettensaft beträufeln und salzen. Abgedeckt beiseitestellen.

Die Kräuter waschen, trocken schütteln und hacken. Die Schalotten und den Knoblauch abziehen. Die Schalotten fein würfeln, den Knoblauch zerdrücken.

In einer kleinen Pfanne 1 EL Öl erhitzen, dann ½ EL Butter hinzufügen. Die Schalotten darin leicht anschwitzen, den Knoblauch dazugeben und ebenfalls leicht anschwitzen. Die Kräuter hineingeben und unterrühren, dann die Pfanne sofort vom Herd ziehen.

Den Backofen auf 195 °C Ober-/Unterhitze vorheizen. Eine große Auflaufform mit dem restlichen Olivenöl (1 EL) fetten.

Das Eiweiß mit einer Prise Salz steif schlagen. Schalotten-Kräuter-Masse, Limettenschale, Senf, Tomatenmark, Sardellenpaste, Semmelbrösel und Amarant unterheben. Mit Salz und Pfeffer würzen. Die Mischung auf die Steinbeißerfilets streichen. Die restliche Butter (1½ EL) als Flöckchen darübergeben.

Die Fischfilets im Backofen auf der mittleren Schiene 15–20 Minuten überbacken.

Inzwischen in einem Sieb den Reis unter fließendem kaltem Wasser abbrausen. In einem Topf 450 ml Wasser zum Kochen bringen. Reis und Salz hineingeben, einmal durchheben und abgedeckt etwa 18 Minuten bei niedriger Temperatur köcheln lassen, bis der Reis bissfest ist. Fisch und Reis getrennt auf Platten anrichten und mit Koriander- oder Petersilienzweigen garnieren.

TIPP: Bei Verwendung von Naturreis ist es ratsam, zuerst den Reis aufzusetzen und dann den Fisch in den Backofen zu geben, da Naturreis eine längere Garzeit hat.

Gegrillter Schwertfisch auf Polentaschnitten

Für 4 Personen

40 Minuten plus 8 Minuten Grillen

Für die Polentaschnitten

250 g Polenta (Instant), Salz, 30 g Butter, 1 TL unbehandelte Limettenschale, frisch geriebene Muskatnuss, frisch gemahlener weißer Pfeffer, 1 kleines Ei, Olivenöl zum Braten

Für den Schwertfisch

700 g Schwertfisch, 1 EL frischer Zitronensaft, 1 EL Olivenöl für die Form,
1–2 Zweige Rosmarin
4 EL Olivenöl, 80–100 g schwarze Oliven, entsteint, frisch gemahlener Pfeffer,
6 Strauchtomaten

In einem tiefen Topf 1 l Wasser zum Kochen bringen, die Polenta (Maisgrieß) einstreuen und leicht salzen. Unter Rühren 2 Minuten kochen (Achtung, Spritzgefahr!), dann vom Herd nehmen. Butter und Limettenschale einrühren. Mit Muskatnuss und Pfeffer würzen. Sobald die Masse etwas abgekühlt ist, das Ei unterrühren. Sofort auf ein mit Backpapier belegtes Backblech geben und mit einem in kaltes Wasser getauchten Spatel glatt streichen. Beiseitestellen.

Den Schwertfisch unter fließendem Wasser abbrausen, trocken tupfen, in vier Scheiben schneiden und mit Zitronensaft beträufeln. Eine feuerfeste Form mit Olivenöl fetten. Die Fischscheiben nebeneinander hineinlegen. Den Rosmarin waschen und trocken schütteln.

Den Backofengrill vorheizen. Das Olivenöl mit Rosmarin, Oliven, Salz und Pfeffer verrühren und über den Schwertfisch geben. Die Tomaten vierteln, salzen und pfeffern und ebenfalls in die Form geben. Den Fisch etwa 8 Minuten, je nach Dicke der Scheiben, grillen.

Die fest gewordene Polentamasse in Schnitten schneiden oder mit einer Fisch-Ausstechform kleine Fische ausstechen. In einer großen Pfanne etwas Olivenöl erhitzen und die Polentaschnitten oder Polentafische kurz darin auf beiden Seiten braten. Zum Schwertfisch geben und in der Form servieren.

TIPP: Die Polentaschnitten müssen sofort serviert werden, damit sie knusprig bleiben.

Heilbutt mit Zitronengras-Sabayon und Jasminreis

Für 4 Personen

30 Minuten plus 50–55 Minuten Kochen und 10–15 Minuten Braten und Grillen

250 g Natur-Jasminreis, Salz
750 g Heilbuttfilet, 1 EL frischer Limettensaft, 1½ TL Mehl, 6–7 Stängel Schnittknoblauch (siehe Tipp Seite 121)

Für das Sabayon

1 Stängel Zitronengras, 75 ml trockener Weißwein, 75 ml Fischfond, 1 kleines frisches Lorbeerblatt, 3 weiße und 2 schwarze Pfefferkörner, etwas unbehandelte Limettenschale
2 Eigelb, 25 g kalte Butter, frisch gemahlener weißer Pfeffer
4–5 EL Olivenöl, 2 TL rosa Pfefferbeeren

In einem Sieb den Reis unter fließendem kaltem Wasser abbrausen. In einem Topf 500 ml Wasser zum Kochen bringen. Den Reis einstreuen, salzen, einmal durchheben und abgedeckt ohne weiteres Umrühren etwa 35 Minuten bei niedriger Temperatur köcheln lassen.

Für das Sabayon den Zitronengrasstängel klein schneiden. Weißwein und Fischfond in einen Topf geben. Zitronengras, Lorbeerblatt und Pfefferkörner hineingeben, aufkochen und abgedeckt 15–20 Minuten köcheln lassen. Die Limettenschale hinzufügen, etwas ziehen lassen, dann durch ein Sieb abseihen.

Währenddessen das Heilbuttfilet unter fließendem Wasser abbrausen, trocken tupfen, mit Limettensaft beträufeln und salzen. Auf beiden Seiten leicht mit Mehl bestauben. Den Schnittknoblauch waschen und in Röllchen schneiden.

Um das Sabayon fertigzustellen, das Eigelb mit dem Zitronengrasfond über einem heißen Wasserbad aufschlagen. Die kalte Butter in Flöckchen unterrühren und mit Salz und wenig weißem Pfeffer würzen.

Den Backofengrill vorheizen. In einer feuerfesten Form das Olivenöl erhitzen. Das Heilbuttfilet hineingeben und auf beiden Seiten je etwa 4 Minuten bei mittlerer Temperatur braten. Etwa 1 Minute vor Garende den Schnittknoblauch hinzufügen. Das Sabayon auf die Filets streichen und den Heilbutt im vorgeheizten Grill goldgelb gratinieren. Den Fisch mit Pfefferbeeren bestreuen und auf dem Jasminreis anrichten.

Fisch mit Roggen-Pumpernickel

Für 4 Personen 15 Minuten plus 15 Minuten Braten

4 Scheiben Wildlachsfilet (à etwa 200 g), 1 EL frischer Zitronensaft, Salz, 1 EL Mehl
2 Scheiben Roggen-Pumpernickel (etwa 50 g), 4 EL Basilikumpesto (aus dem Glas oder selbst zubereitet)
3–4 EL Olivenöl

Die Wildlachsfilets unter fließendem Wasser abbrausen und trocken tupfen. Mit Zitronensaft beträufeln, salzen und auf beiden Seiten leicht mit Mehl bestauben.

Die Pumpernickel zerbröseln und mit Pesto verrühren.

In einer Pfanne das Olivenöl erhitzen. Die Fischfilets hineingeben und auf beiden Seiten je etwa 5 Minuten leicht braten. Die Pumpernickel-Pesto-Mischung auf die Filets streichen. Die Pfanne mit einem Deckel abdecken und die Wildlachsfilets weitere 5 Minuten garen.

TIPP: Passende Beilagen sind Kartoffelsalat oder Reis, insbesondere Acquerello-Reis, eine aus dem Piemont stammende alte biologische Carnaroli-Sorte, die, mit einem Hauch Fenchel gekocht, besonders köstlich schmeckt.

Mit Amarant gefüllter Saibling in Folie

Für 4 Personen

25 Minuten plus 30 Minuten Kochen und Quellen und 35 Minuten Backen

100 g Amarant, 2 EL asiatische Fischsauce
4 küchenfertige Saiblinge (à etwa 350 g), 1–2 EL frischer Zitronensaft, Salz
1 Bund Koriander, 40 g weiche Butter, frisch gemahlener Pfeffer
etwas Butter, zerlassen, einige Zweige Koriander, 1 unbehandelte Zitrone

In einem Sieb den Amarant unter fließendem heißem Wasser abbrausen. In einem Topf 400 ml Wasser zum Kochen bringen, Amarant hineingeben und 20 Minuten bei geringer Temperatur kochen. Anschließend 10 Minuten ausquellen lassen und mit Fischsauce würzen.

Inzwischen die Saiblinge unter fließendem Wasser abbrausen, trocken tupfen, mit Zitronensaft beträufeln und salzen.

Den Koriander waschen, trocken schütteln, hacken und mit Butter und Amarant vermengen. Mit Pfeffer würzen. Die Saiblinge mit der Masse füllen und die Bauchhöhle mit Rouladennadeln oder Zahnstochern verschließen.

Den Backofen auf 180 °C Ober-/Unterhitze vorheizen. Vier Alufolienstücke mit zerlassener Butter fetten. Die Saiblinge, Zitronenscheiben oder -stücke und Korianderzweige darauflegen und zu Päckchen verschließen. Im Backofen auf der mittleren Schiene etwa 35 Minuten backen. Die Saiblinge in der geöffneten Folie servieren.

TIPP: Geeignete Beilagen sind Baguette und Blattsalat oder Kartoffelsalat.

Für 4 Personen
4 küchenfertige Goldbarsche (à 350–400 g), 2 EL frischer Zitronensaft, Salz
125 g Quinoa, gekocht, 50 g weiche Butter, 1 TL Kräuter der Provence,
1 EL geriebener Meerrettich (aus dem Glas), 1 EL Curry- oder Chilisenf, Kräutersalz,
frisch gemahlener Pfeffer, 2–3 Zweige Thymian, 2 Zweige Oregano, 1 Zweig Rosmarin
Butter für die Form, 200 ml trockener Weißwein
1 rote Paprikaschote, 1 Dose Mais (140 g Abtropfgewicht)
einige Zweige Rosmarin zum Garnieren (nach Belieben)

30 Minuten plus 35–40 Minuten Backen

Gefüllte Goldbarsche

Die Goldbarsche (Doraden) unter fließendem Wasser abbrausen, trocken tupfen, mit Zitronensaft beträufeln und salzen.

Quinoa mit Butter, Kräutern der Provence, Meerrettich und Senf vermengen. Mit Kräutersalz und Pfeffer würzen. Thymian, Oregano und Rosmarin waschen, trocken schütteln und hacken. Den Backofen auf 180 °C Ober-/Unterhitze vorheizen.

Die Quinoamasse in die Fische füllen und die Goldbarsche mit Küchengarn umwickeln und verschließen. Den Boden einer großen Auflaufform mit etwas zerlassener Butter fetten. Die Fische nebeneinander hineinlegen. Den Weißwein angießen, die Kräuter hinzufügen und die Form mit Alufolie abdecken. Die Fische je nach Größe im Backofen auf der mittleren Schiene 35–40 Minuten backen.

Die Paprikaschote waschen, von Samen und Scheidewänden befreien und klein würfeln. Den Mais abtropfen lassen. Nach 20 Minuten den Mais und die Paprikaschote zu den Fischen hinzufügen und fertig garen.

Die Goldbarsche mit etwas Paprika-Mais-Mischung auf vier Tellern anrichten und nach Belieben mit Rosmarinzweigen garnieren.

Skrei auf Schwarzem Piemont-Reis mit Fenchel

Für 4 Personen 25 Minuten plus 35 Minuten Kochen und 6–8 Minuten Braten

150 g Schwarzer Piemont-Reis, Salz
1 Knolle Fenchel (etwa 350 g), 12 Cherrytomaten, 800 g Skreifilet,
1 EL frischer Zitronensaft, 2 TL Mehl
6 EL Olivenöl, 25 g Butter, 125 ml Weißwein, 100 ml Sahne
frisch gemahlener weißer Pfeffer

In einem Sieb den Reis unter fließendem kaltem Wasser abbrausen. In einem Topf 750 ml Wasser zum Kochen bringen und salzen. Den Reis einstreuen, einmal durchheben und ohne weiteres Umrühren in etwa 35 Minuten bissfest kochen.

Den Fenchel waschen und in Scheiben schneiden. Das Fenchelgrün beiseitelegen. Die Tomaten waschen. Den Skrei (Winter-Kabeljau) in vier gleichmäßige Stücke schneiden, unter fließendem Wasser abbrausen und trocken tupfen. Mit Zitronensaft beträufeln und salzen. Ganz leicht mit Mehl bestauben.

In einem weiten Topf die Hälfte des Olivenöls erhitzen. Die Butter hinzufügen. Den Fenchel hineingeben und 5 Minuten garen. Mit Wein und Sahne ablöschen. Kurz aufkochen lassen und vom Herd nehmen. Etwas Fenchelgrün hinzufügen.

In einer Pfanne das restliche Olivenöl (3 EL) erhitzen. Den Skrei hineingeben und auf beiden Seiten je 3–4 Minuten braten. Die Tomaten unzerkleinert hinzufügen und erhitzen. Mit Salz und Pfeffer würzen.

Zum Servieren den Fenchel und den Reis auf vier vorgewärmte Teller verteilen. Den Skrei daraufsetzen und mit den Tomaten umkränzen. Das Gericht mit etwas Sauce beträufeln und mit dem restlichen Fenchelgrün garnieren.

FLEISCH & GETREIDE

Geflügel, Schwein, Rind, Lamm und Wild

Klöße, Spätzle und Rösti sind längst nicht mehr aktuell als Beilage zum Fleisch. Bulgur, Kamut und Emmer sind dafür die neuen Stars und beeindrucken an der Seite von Braten und Co. Sie lassen auf der Zunge ganz neue Geschmackserlebnisse entstehen. Doch nicht nur Bekanntes wird aufgefrischt durch die Zugabe von Getreide und verschiedensten Körnern, auch zu exotischen Fleischgerichten und Zutaten passen Quinoa und Konsorten. So verbinden sich Getreide und Korn zu einem einmaligen Genuss.

Hähnchenbrustfilet in Aprikosensauce mit Bulgur

Für 4 Personen 35 Minuten plus 20 Minuten Kochen und 16–20 Minuten Braten

Für den Bulgur
200 g Bulgur, 600 ml Gemüsefond, 125–150 ml Sahne, 50 g Butter, 100–125 g Parmesan, frisch gerieben, Salz, frisch gemahlener Pfeffer, frisch geriebene Muskatnuss
1 TL Curry, 1 EL Tomatenmark, 1 EL gemischte Kräuter (z. B. Schnittlauch, Petersilie, Koriander), gehackt

Für die Hähnchenbrustfilets
1 Zwiebel, 1 Knoblauchzehe, 1 Stück frischer Ingwer, 1 kleine rote Chilischote
3 EL Rapsöl, 25 g Butter, 4 Hähnchenbrustfilets, 1–2 Msp. Cayennepfeffer
125 g getrocknete Soft-Aprikosen, 1 EL Blütenhonig, 2 EL Aprikosennektar, 2–3 EL Apfelessig, 200 ml Hühnerfond, Salz, frisch gemahlener Pfeffer, ½ TL Kreuzkümmel, 2 Msp. Piment, ½ TL Kurkuma

Den Bulgur mit dem Gemüsefond in einem Topf zum Kochen bringen und abgedeckt bei niedriger Temperatur 10 Minuten kochen und ausquellen lassen. Die Flüssigkeit sollte verkocht sein. Sahne, Butter und Parmesan hinzufügen. Mit Salz, Pfeffer und Muskatnuss würzen.

Den Bulgur in drei Portionen teilen. Einen Teil mit Curry würzen, den zweiten Teil mit Tomatenmark und den dritten Teil mit den gehackten Kräutern mischen.

Die Zwiebel und den Knoblauch abziehen. Die Zwiebel fein würfeln, den Knoblauch zerdrücken. Den Ingwer schälen und hacken. Die Chilischote halbieren, von Samen und Scheidewänden befreien und hacken.

In einer Pfanne das Rapsöl erhitzen und die Butter hinzufügen. Die Hähnchenbrustfilets darin auf beiden Seiten je 8–10 Minuten bei mittlerer Temperatur braten. Mit Salz, Pfeffer und Cayennepfeffer würzen. Herausnehmen und warm stellen.

Die Zwiebel in die Pfanne geben und im verbliebenen Fett anschwitzen. Knoblauch, Ingwer und Chilischote hinzufügen und kurz mitbraten. Getrocknete Aprikosen, Honig, Aprikosennektar, Apfelessig und Hühnerfond dazugeben. Mit Salz, Pfeffer, Kreuzkümmel, Piment und Kurkuma abschmecken. Dann 10 Minuten bei niedriger Temperatur kochen lassen. Die Hähnchenbrustfilets hinzufügen und kurz erhitzen.

Zum Servieren je ein Hähnchenbrustfilet auf einen vorgewärmten Teller geben. Den Bulgur nochmals erhitzen mit einem Löffel daneben anrichten. Alternativ nach Belieben den Bulgur in Timbale-Förmchen drücken und stürzen. Die Hähnchenbrustfilets mit etwas Aprikosensauce übergießen und servieren.

Jambalaya

Für 4 Personen

55–60 Minuten plus 95–110 Minuten Kochen

1 Huhn (etwa 1,3 kg), 1 Zwiebel, 1 Knoblauchzehe, 1 Stange Lauch, 1 Karotte,
1 Stange Sellerie, 2 EL gehackte Petersilie, 6 schwarze Pfefferkörner, 2 Lorbeerblätter, Salz
1 Gemüsezwiebel, 2 Knoblauchzehen, 3 Stangen Sellerie mit Grün, 1 grüne Paprikaschote,
3 Tomaten, 125 g Chorizo, 100 g roher Schinken
4 EL Olivenöl, 250 g Langkornreis, 1 Dose Tomaten (etwa 400 g), gehackt,
1 TL getrockneter Thymian, 1 TL Chilipulver, ½–1 TL Kreuzkümmel,
frisch gemahlener Pfeffer, 2 EL Tomatenmark, 1 Lorbeerblatt
100 g Venusmuschelfleisch, 100 g Garnelen, gekocht und geschält
½ Bund glatte Petersilie, 1 Frühlingszwiebel, Tabascosauce, Chilipulver

Das Huhn unter fließendem Wasser abbrausen. Zwiebel und Knoblauch abziehen und klein würfeln. Lauch, Karotte und Sellerie waschen und klein schneiden. Gemüse, Petersilie und Gewürze in einem großen Topf mit 1½ Liter Wasser zum Kochen bringen und salzen. Das Huhn hineingeben und in 1¼–1½ Stunden gar kochen. Dann herausnehmen, nach dem Abkühlen das Fleisch von Knochen und Haut ablösen und in Stücke teilen. Den Fond durch ein Sieb abseihen, 1 Liter abmessen und beiseitestellen.

Gemüsezwiebel und Knoblauch abziehen. Die Zwiebel würfeln, den Knoblauch zerdrücken. Sellerie und Paprika waschen und klein schneiden. Die Tomaten kurz in kochendes Wasser tauchen, häuten, vom Stielansatz befreien und hacken. Chorizo (spanische Wurst) und Schinken in Stücke schneiden.

In einer weiten Pfanne das Olivenöl erhitzen. Die Zwiebel darin anbraten. Knoblauch, Sellerie und Paprika hinzufügen und 5 Minuten mitbraten. In einem Sieb den Reis unter fließendem kaltem Wasser abbrausen, dann ebenfalls in die Pfanne geben. Nach einigen Minuten Wurst und Schinken hinzufügen, dabei immer wieder rühren. Die frischen Tomaten, die Dosentomaten und den Hühnerfond angießen. Nach dem Aufkochen mit Salz, Thymian, Chilipulver, Kreuzkümmel, Pfeffer und Tomatenmark würzen. Das Lorbeerblatt einlegen und alles bei niedriger Temperatur garen lassen.

Nach 5 Minuten Muscheln und Garnelen hinzufügen, nach weiteren 5 Minuten das Hühnerfleisch dazugeben. Noch 10 Minuten garen lassen.

Die Petersilie waschen, trocken schütteln und hacken. Die Frühlingszwiebel klein schneiden. Beides dazugeben und kurz darin ziehen lassen (nicht mehr kochen!). Mit Tabascosauce, Pfeffer und Chilipulver abschmecken.

Huhn und Reis nach Art von Venetien

Für 4 Personen 40 Minuten plus 2 Stunden 40 Minuten Kochen

1 junges Suppenhuhn (mit Leber), 1 Bund Suppengemüse (Karotte, Lauch, Sellerieknolle), 2 Zwiebeln
500 g Suppenfleisch, vorzugsweise Leiterstück (Querrippe), Salz
200 g Champignons, ½ Bund glatte Petersilie
5 EL Olivenöl, 125 ml trockener Weißwein, frisch gemahlener Pfeffer
350 g Reis (Vialone oder Arborio), 35 g Butter, 100 g Parmesan, frisch gerieben

Das Huhn in acht Stücke teilen, die Leber beiseitestellen. Die gröbsten Knochen auslösen. Das Suppengrün waschen und zerkleinern. Die Zwiebeln abziehen, eine für den Fond vierteln, die andere fein hacken und beiseitelegen.

Hühnerknochen, Suppenfleisch, Suppengrün und Zwiebelviertel in einen großen Topf geben. 1¾–2 Liter Wasser angießen, salzen und bei niedriger Temperatur etwa 2 Stunden kochen lassen. Dann den Hühnerfond durch ein Sieb abseihen und 750 ml abmessen.

Die Pilze putzen und in Stücke oder Scheiben schneiden. Die Petersilie waschen, trocken schütteln und hacken.

In einem weiten Topf das Olivenöl erhitzen. Die Hühnerstücke darin anbraten. Die gehackte Zwiebel und die Pilze hinzufügen und einige Minuten weiterbraten. Mit Weißwein ablöschen, salzen und pfeffern. Abgedeckt etwa 40 Minuten garen lassen.

In einem Sieb den Reis unter fließendem kaltem Wasser abbrausen und nach etwa 20 Minuten zu den Hühnerstücken und Pilzen geben. Nach und nach den heißen Fond angießen. Den Reis darin 18–20 Minuten köcheln lassen. Die Hälfte der Butter in einer Pfanne erhitzen. Die Leber darin einige Minuten braten, dann erst salzen und pfeffern und zu dem fertigen Gericht geben. Die restliche Butter, die Hälfte des Parmesans und die Petersilie unter den Reis rühren und abschmecken. Den restlichen Parmesan gesondert dazu reichen.

TIPP: Den restlichen Hühnerfond kann man 2–3 Tage im Kühlschrank aufbewahren und für eine kräftige Suppe mit Suppennudeln oder Pfannkuchenstreifen als Einlage verwenden.

Hähnchenbrustfilet auf Zitronengrasstängeln mit Naturreis

Für 4 Personen

40 Minuten plus 1 Stunde Marinieren, 30–40 Minuten Kochen und 12 Minuten Grillen

1 Schalotte, 2 Knoblauchzehen, 6–7 Zweige Koriander mit Wurzeln,
je 1 rote und grüne Chilischote, 5 Zitronengrasstängel
1 Limettenblatt, 4 EL Sesamöl, 6 EL Sojaöl, 4 Hähnchenbrustfilets
200 g Langkorn-Naturreis, Salz
1 Frühlingszwiebel, 5 EL Reis- oder Apfelessig, 2 EL brauner Roh-Rohrzucker,
1 EL helle Sojasauce
Pflanzenöl für den Grillrost

Die Schalotte und den Knoblauch abziehen. Die Schalotte hacken. Den Knoblauch zerdrücken und die Hälfte davon beiseitestellen. Den Koriander waschen und trocken schütteln. Korianderwurzeln und -blätter gesondert hacken. Die Chilischoten halbieren, von Samen und Scheidewänden befreien und hacken. Die Zitronengrasstängel waschen und einen Stängel klein schneiden, die anderen vier beiseitelegen.

Schalotte, Knoblauch, Korianderwurzel, die Hälfte der gehackten Korianderblätter, die Hälfte der Chilischoten, den zerkleinerten Zitronengrasstängel und das Limettenblatt mit der Hälfte des Sesamöls und Sojaöls verrühren. Die Hähnchenbrustfilets hineinlegen und abgedeckt mindestens 1 Stunde darin marinieren; zwischendurch einmal wenden.

In einem Sieb den Reis unter fließendem kaltem Wasser abbrausen. In einem Topf 500 ml Wasser zum Kochen bringen, den Naturreis sowie etwas Salz hineingeben, einmal durchheben und ohne Umrühren bei geringer Temperatur 30–40 Minuten (je nach Reissorte) kochen.

Die Frühlingszwiebel waschen und sehr klein schneiden. Den Reisessig mit dem Rohrzucker und 125 ml Wasser aufkochen und vom Herd nehmen. Nach dem Abkühlen die Frühlingszwiebel, den übrigen Knoblauch, Chilischoten und gehackte Korianderblätter hinzufügen. Das verbliebene Sesamöl und Sojaöl einrühren. Die Koriandersauce mit Sojasauce und Salz abschmecken.

Den Backofengrill vorheizen. Den Grillrost einölen, eine Fettpfanne darunterstellen. Die Hähnchenbrustfilets aus der Marinade nehmen, abtupfen, auf die Zitronengrasstängel stecken und etwa 12 Minuten grillen, dabei einmal wenden. Die Hähnchenbrustfilets auf dem Reis anrichten und nach Belieben garnieren. Die Koriandersauce separat dazu reichen.

Nasigoreng

Für 4 Personen

45 Minuten plus 18 Minuten Kochen und Quellen

400 g Langkornreis, Salz
2 Zwiebeln, 1 rote Chilischote, 2 TL Sambal oelek, 2 EL Sojasauce
250 g Hühnerfleisch, gekocht oder gebraten, 175 g gekochter Schinken, 1 Bund Schnittlauch
6 EL Sojaöl, 2 Knoblauchzehen, 1 TL Trassi, 4 Eier, frisch gemahlener weißer Pfeffer,
200 g Krabben
1 EL Pflanzenöl

In einem Sieb den Reis unter fließendem kaltem Wasser abbrausen. Dann in einem Topf erwärmen (nicht rösten!), 900 ml Wasser angießen, salzen, aufkochen und abgedeckt bei geringer Temperatur ohne Umrühren 18 Minuten kochen und ausquellen lassen. Zeit ist abhängig von der Reissorte!

Die Zwiebeln abziehen und etwas zerkleinern. Die Chilischote halbieren, von Samen und Scheidewänden befreien und in Stücke schneiden. Beides mit Sambal oelek und Sojasauce im Mixer zu einer Paste verrühren.

Das Hühnerfleisch in Stücke, den Schinken in feine Streifen schneiden. Den Schnittlauch waschen und in Röllchen schneiden.

In einer großen Pfanne das Sojaöl erhitzen und die Paste darin einige Minuten schmoren lassen. Den Knoblauch abziehen und zerdrücken. Knoblauch und Trassi (Krabbenpaste) dazugeben, kurz darauf Hühnerfleisch und Schinken. Zwei Eier verquirlen, salzen, pfeffern und ebenfalls hinzufügen. Gekochten Reis, Krabben und Schnittlauchröllchen untermischen, kurz weiterbraten.

Die restlichen zwei Eier verquirlen. Das Öl in einer kleinen Pfanne erhitzen, die Eiermasse hineingießen und stocken lassen. Dann das Omelett in 2–3 mm feine Streifen schneiden und das Gericht damit garnieren.

TIPP: Dazu reicht man gern Krupuk, ein Gebäck aus Krabben und Tapiokamehl.

Reis auf karibische Art

Für 4 Personen

45 Minuten plus 18 Minuten Kochen

1 Zwiebel, 2 Knoblauchzehen, 2 Frühlingszwiebeln,
1 rote Chilischote, 400 g Geflügelfleisch, 350 g Garnelen,
1 Mango, 1 kleine Ananas
4 EL Erdnussöl, Salz, frisch gemahlener weißer Pfeffer,
2 Msp. Cayennepfeffer, 350 g Langkornreis, 1 l Hühnerfond
3 EL Olivenöl
50 g Cashewkerne, geröstet

Die Zwiebel und den Knoblauch abziehen. Die Zwiebel hacken, den Knoblauch zerdrücken. Die Frühlingszwiebeln waschen und in schmale Ringe schneiden. Die Chilischote halbieren, von Samen und Scheidewänden befreien und hacken. Das Geflügelfleisch in feine Streifen schneiden. Die Garnelen säubern und den Darm entfernen. Die Mango schälen und das Fruchtfleisch vom Stein schneiden, dann würfeln. Die Ananas gründlich schälen und das Fruchtfleisch ebenfalls würfeln.

In einem weiten Topf das Erdnussöl erhitzen. Die Zwiebel darin anbraten. Die Chilischote hinzufügen und 1 Minute mitbraten. Das Geflügelfleisch dazugeben und kurz weiter braten. Mit Salz, Pfeffer und Cayennepfeffer würzen. Knoblauch und Reis hinzufügen. Den Reis glasig anschwitzen. Den Hühnerfond angießen, einmal gut durchrühren und das Ganze abgedeckt etwa 18 Minuten kochen.

Inzwischen das Olivenöl in einer Pfanne erhitzen und die Garnelen etwa 3 Minuten darin auf beiden Seiten braten. Die Frühlingszwiebeln hinzufügen und kurz durchschwenken.

Mango- und Ananasstücke unter den Reis mischen und kräftig abschmecken. Zum Servieren den Reis auf einer großen, tiefen Platte anrichten. Mit den Cashewkernen bestreuen und die Garnelen darauflegen.

TIPP: Anstelle von Geflügelfleisch und Garnelen für die vegetarische Variante Kidneybohnen (getrocknet, dann einweichen vor Verwendung oder Dosenware) verwenden. Mit Thymian und Kreuzkümmel würzen. Zum Schluss nach Belieben mit Maiskörnern bestreuen.

Für 4 Personen

1 Stange Lauch, 2 Karotten, 1 Stück Sellerieknolle, 1 Zwiebel
3 EL Rapsöl, 25 g Butter, 150 g Bulgur, etwa 400 ml Hühnerfond, Salz, frisch gemahlener Pfeffer, ½ TL Kurkuma
1 EL Tannenhonig, Cayennepfeffer, Ingwerpulver, Pflanzenöl für den Grillrost
2 Barbarie-Entenbrüste, 2 EL Sojaöl, 1 Msp. getrockneter Thymian

35 Minuten plus 10 Minuten Kochen und 10 Minuten Grillen

Glasierte Barbarie-Entenbrust auf Gemüsebulgur

Das Gemüse waschen. Den Lauch in dünne Ringe schneiden. Die Karotten schaben und in Stifte oder Scheiben schneiden. Den Sellerie würfeln. Die Zwiebel abziehen und hacken.

In einem Topf das Rapsöl erhitzen und die Butter hinzufügen. Die Zwiebel und das Gemüse darin anbraten. Den Bulgur dazugeben, mit dem Hühnerfond ablöschen und 10 Minuten bei niedriger Temperatur köcheln lassen. Mit Salz, Pfeffer und Kurkuma würzen. Vom Herd nehmen und warm halten.

In einer kleinen Schüssel Honig, Cayennepfeffer und Ingwer verrühren. Den Backofengrill vorheizen. Den Grillrost einölen, eine Fettpfanne darunterstellen.

Die Entenbrüste salzen und pfeffern. In einer Pfanne das Sojaöl erhitzen und die Entenbrüste auf beiden Seiten kräftig anbraten. Dann herausnehmen, auf der Hautseite mit der Honigmischung bestreichen und unter den vorgeheizten Grill geben. Die Entenbrüste etwa 10 Minuten grillen, dann einige Minuten ruhen lassen. In Scheiben geschnitten auf dem Gemüsebulgur anrichten und mit Thymian bestreuen.

Chorizo-Dinkel-Auflauf

Für 4 Personen 40 Minuten plus 12–15 Minuten Kochen und 30–35 Minuten Backen

1 Tarteform (etwa 30 cm Ø)
2 rote Zwiebeln, 2 Stangen Sellerie, 1 grüne Zucchini (etwa 200 g), 1 gelbe Zucchini (etwa 200 g), 3 Tomaten, 175 g Chorizo
150 g Dinkel, geschliffen, Salz
2 EL Olivenöl, 3 EL Butter, Butter für die Form
30 g Dinkelmehl, 300 ml Milch, 150 ml Gemüsefond, Pfeffer, frisch geriebene Muskatnuss
2 TL Kräuter der Provence, 60 g Hartkäse (Emmentaler oder Gouda), gerieben

Die Zwiebeln abziehen, halbieren und in dünne Halbringe schneiden. Das Gemüse waschen. Stangensellerie, Zucchini und Tomaten getrennt in dünne Scheiben schneiden, ebenso die Chorizo (spanische Wurst).

In einem Sieb den Dinkel unter fließendem kaltem Wasser abbrausen. In einem Topf 450 ml Wasser zum Kochen bringen. Den Dinkel hineingeben, salzen und abgedeckt 12–15 Minuten bei niedriger Temperatur kochen, bis das Wasser vollständig verkocht ist.

In einer Pfanne das Olivenöl erhitzen und 1 EL Butter hinzufügen. Zwiebel und Stangensellerie darin einige Minuten leicht braten, ab und zu umrühren. Den Backofen auf 180 °C Ober-/ Unterhitze vorheizen. Die Form mit Butter fetten.

Für eine Bechamelsauce die restliche Butter (2 EL) erhitzen. Das Dinkelmehl einstreuen und mit Milch und Gemüsefond ablöschen. Mit Salz, Pfeffer und Muskatnuss abschmecken. Einige Minuten unter Rühren kochen lassen.

Zuerst die Zwiebeln und den Stangensellerie in die Form geben. Die Hälfte des Dinkels darauf verteilen. Etwa die Hälfte der Bechamelsauce darübergießen. Die Zucchinischeiben im Kreis darauflegen. Mit Kräutern der Provence und etwas Salz und Pfeffer würzen. Erst die Chorizo, dann den restlichen Dinkel darauf verteilen. Mit den Tomatenscheiben bedecken. Mit Salz, Pfeffer und Kräutern der Provence würzen. Die restliche Bechamelsauce darübergießen und mit dem Käse bestreuen. Die Tarte im Backofen auf der mittleren Schiene 30–35 Minuten backen.

TIPP: Anstelle von Chorizo für eine vegetarische Variante geräucherten Tofu verwenden und mit etwas Sojasauce würzen.

Altdeutsches Wein-Fleisch mit Kamut

Für 4 Personen 15 Minuten plus 90 Minuten Garen

800 g Schweineschulter ohne Knochen, 150 g durchwachsener geräucherter Bauchspeck,
3 Zwiebeln, 2 Bio-Äpfel
120 g Kamut, Salz, frisch gemahlener weißer Pfeffer, ½ TL getrockneter Thymian,
½ TL getrockneter Majoran, 1 EL Kapern, 1 Lorbeerblatt, 250 ml Fleischfond,
¾ l halbtrockener Riesling

Das Fleisch in Stücke von je etwa 40 g schneiden. Den Speck würfeln. Die Zwiebeln abziehen und fein hacken. Die Äpfel waschen (nicht schälen), halbieren, entkernen und in Scheiben schneiden. Den Backofen auf 190–200 °C Ober-/Unterhitze vorheizen.

Das Fleisch zusammen mit Speck, Zwiebeln, Äpfeln und Kamut in einen Römertopf oder ein anderes feuerfestes Gefäß geben. Mit Salz, Pfeffer, Thymian und Majoran würzen. Kapern und Lorbeerblatt hinzufügen. Den Fond und den Wein angießen und das Fleisch abgedeckt etwa 90 Minuten im Backofen garen. Im Römertopf oder in der Form servieren.

Currywurst auf Braumeisterart

Für 4 Personen 20 Minuten

80 g geröstetes Braumalz (siehe Tipp), 2 Eier, 1½ EL Curry-Chili-Senf
4 Bratwürste, Salz
Erdnussöl zum Braten

Das geröstete Braumalz fein schroten und in einen tiefen Teller geben. Die Eier mit dem Curry-Chili-Senf verrühren und ebenfalls in einen tiefen Teller geben.

Die Würste salzen. Zuerst in der Eimasse, dann in dem Braumalz wälzen. Die Panade etwas andrücken.

In einer tiefen Pfanne das Öl erhitzen. Die Würste auf beiden Seiten je etwa 4 Minuten braten.

Tipps: Geröstetes Braumalz ist im Internet und auch in manchen Brauereien erhältlich – fragen Sie nach! Servieren Sie die Currywürste nach Belieben mit Ketchup, gemischtem Salat und gut gekühltem (alkoholfreiem) Bier.

Wildreis-Omelett nach Chippewa-Art

Für 4 Personen

40–45 Minuten plus 40 Minuten Kochen

Für die Salsa
3 Tomaten, 1 rote Zwiebel, 1 kleine grüne Paprikaschote, 1 reife Avocado, 2 EL frischer Zitronensaft, Salz, frisch gemahlener Pfeffer, 2–3 Msp. Chilipulver, 3 EL Maiskeimöl

Für die Wildreis-Omeletts
120 g Wildreis
125 g Schinkenspeck, 10 frische Salbeiblätter, 1 Zwiebel, 6 große Eier
3 EL Erdnussöl

Für die Salsa die Tomaten kurz in kochendes Wasser tauchen, häuten, vom Stielansatz befreien und hacken. Die Zwiebel abziehen und fein würfeln. Die Paprikaschote halbieren, von Samen und Scheidewänden befreien und ebenfalls fein würfeln. Die Avocado halbieren, den Stein entfernen, das Fruchtfleisch aus der Schale lösen und klein schneiden. In eine Schüssel geben und sofort mit dem Zitronensaft beträufeln. Tomaten, Zwiebel und Paprika hinzufügen. Kräftig mit Salz, Pfeffer und Chilipulver würzen. Das Maiskeimöl unterrühren. Die Salsa kühl stellen.

In einem Sieb den Wildreis unter fließendem kaltem Wasser abbrausen. In einem Topf 500 ml Wasser zum Kochen bringen, salzen, den Wildreis einstreuen, einmal durchheben, kurz sprudelnd aufkochen lassen. Den Wildreis agedeckt bei niedriger Temperatur etwa 40 Minuten kochen. Der Wildreis ist gar, wenn sich die Hälfte der Körner geöffnet hat. Abschließend in einem Sieb abtropfen lassen.

Den Schinkenspeck würfeln. Den Salbei waschen, trocken schütteln und hacken. Die Zwiebel abziehen und fein würfeln. Die Eier verquirlen und salzen.

In einer großen Pfanne das Erdnussöl erhitzen. Den Schinkenspeck darin leicht anbraten. Die Zwiebel hinzufügen. Den Reis dazugeben und mit der Eiermasse übergießen. Abgedeckt bei niedriger Temperatur stocken lassen. Den Salbei kurz vor Ende der Garzeit darüber streuen. Das Omelett nach Belieben vierteln oder achteln und mit der Salsa servieren.

Quinoa-Auflauf mit Ricotta

Für 4 Personen

30 Minuten plus 25 Minuten Kochen und Quellen und 25 Minuten Backen

180 g Quinoa, Salz
2 Stangen Lauch, 3 EL Rapsöl, 20 g Butter, Butter für die Form
4 Eier, 250 g Ricotta, 125 g roher Schinken, gewürfelt,
frisch gemahlener Pfeffer, frisch geriebene Muskatnuss

In einem Sieb das Quinoa unter fließendem heißem Wasser abbrausen und mit 800 ml Wasser zum Kochen bringen. Salzen, einmal durchheben und abgedeckt ohne weiteres Umrühren bei niedriger Temperatur 20 Minuten kochen. Vom Herd nehmen und 5 Minuten ausquellen lassen.

Den Lauch längs halbieren, gründlich waschen, trocknen und in dünne Halbringe schneiden. In einer Pfanne das Rapsöl erhitzen, die Butter hinzufügen und den Lauch 3–4 Minuten darin leicht braten. Vom Herd nehmen. Den Backofen auf 180 °C Ober-/Unterhitze vorheizen. Eine Auflaufform mit Butter fetten.

Zwei Eier trennen und das Eiweiß mit einer Messerspitze Salz zu steifem Schnee schlagen. Das Eigelb und die restlichen zwei Eier mit Ricotta verrühren. Lauch und Schinken hinzufügen. Kräftig mit Salz, Pfeffer und Muskatnuss würzen. Den Eischnee unterziehen.

Die Ricottamasse und das Quinoa mischen, in die Auflaufform geben und im Backofen auf der mittleren Schiene etwa 25 Minuten backen.

Hackfleisch auf mittelamerikanische Art mit Amarant und Mais

Für 4 Personen

30 Minuten plus 35 Minuten Kochen

1 große Zwiebel, 1 Knoblauchzehe, 1 grüne Paprikaschote, 4 Tomaten
3 EL Olivenöl, 20 g Butter, 400 g Hackfleisch (Rind), 2 EL Tomatenmark
125 g Amarant, etwa 1 l Fleischfond, Salz, 1 TL Zucker, frisch gemahlener Pfeffer,
1 TL Chilipulver, 1 TL getrockneter Oregano, ½ TL Kreuzkümmel,
einige Tropfen Tabascosauce, 1 Lorbeerblatt, etwa 150 g Mais (aus der Dose)

Die Zwiebel und den Knoblauch abziehen. Die Zwiebel fein würfeln, den Knoblauch zerdrücken. Die Paprikaschote halbieren, von Samen und Scheidewänden befreien und in Stücke schneiden. Die Tomaten kurz in kochendes Wasser tauchen, häuten, vom Stielansatz befreien und hacken.

In einer tiefen Pfanne das Öl erhitzen und die Butter hinzufügen. Das Hackfleisch darin anbraten. Zwiebel, Knoblauch und Paprika hinzufügen und unter Rühren einige Minuten weiter braten. Tomaten und Tomatenmark dazugeben.

In einem Sieb den Amarant unter fließendem heißem Wasser abbrausen. Zum Hackfleisch hinzufügen. Den Fond angießen, mit Salz, Zucker, Pfeffer, Chilipulver, Oregano, Kreuzkümmel und Tabascosauce kräftig würzen. Das Lorbeerblatt einlegen. Abgedeckt etwa 35 Minuten köcheln lassen. Den Mais abtropfen lassen und etwa 10 Minuten vor Ende der Garzeit untermischen. Vor dem Servieren das Lorbeerblatt entfernen.

Chili-Fleisch mit Emmer

Für 4 Personen

30 Minuten plus einige Stunden Einweichen und 30 Minuten Kochen

200 g Emmer
1 große Zwiebel, 1 Knoblauchzehe, ½ Stange Lauch,
2 rote Paprikaschoten, 2 rote Chilischoten, 4 Tomaten
5 EL Öl, 500 g Hackfleisch (Rind), 1–2 EL Tomatenmark, 700 ml Gemüsefond,
400 ml trockener Rotwein, Salz, frisch gemahlener Pfeffer

Den Emmer einige Stunden in kaltem Wasser einweichen, dann durch ein Sieb abseihen.

Zwiebel und Knoblauch abziehen. Die Zwiebel würfeln, den Knoblauch zerdrücken. Den Lauch waschen und in dünne Ringe schneiden. Die Paprika- und Chilischoten waschen, halbieren, von Samen und Scheidewänden befreien. Die Paprikaschoten grob, die Chilischoten fein würfeln. Die Tomaten kurz in kochendes Wasser tauchen, häuten, vom Stielansatz befreien und hacken.

In einem weiten Topf das Öl erhitzen und das Hackfleisch darin unter Rühren anbraten. Zwiebel und Knoblauch dazugeben und kurz weiterbraten. Den Lauch, die Paprika- und Chilischoten, die Tomaten und das Tomatenmark hineingeben, mit Gemüsefond und Rotwein ablöschen. Aufkochen lassen, dann den Emmer hinzufügen. Salzen, pfeffern und abgedeckt etwa 30 Minuten köcheln lassen.

Scharfe Spareribs mit Maiskolben

Für 4 Personen — 25 Minuten plus 25 Minuten Grillen

1,5 kg Spareribs, Salz, frisch gemahlener Pfeffer, edelsüßes und rosenscharfes Paprikapulver
1 Chilischote, 4 Knoblauchzehen, 60 g Tomatenketchup, 2 EL Tomatenmark, 1 EL Honig,
1–2 EL Apfelessig, 125 ml Pflanzenöl, einige Tropfen Tabascosauce, 3 EL Sahne
einige kleine Zweige Rosmarin
4 vakuumverpackte Maiskolben, 4 EL Pflanzenöl

Die Spareribs (Schweinerippchen) entlang der Knochen durchschneiden, sodass einzelne Rippchen entstehen. Unter fließendem Wasser abbrausen und trocken tupfen. Die Rippchen von allen Seiten mit Salz, Pfeffer und Paprikapulver einreiben.

Die Chilischote halbieren, von Samen und Scheidewänden befreien und sehr fein hacken. Den Knoblauch abziehen und zerdrücken. Mit den übrigen Zutaten verrühren. Mit Salz und Pfeffer abschmecken.

Den Backofengrill vorheizen. Die Spareribs rundum mit der Marinade bestreichen, auf eine Grillschale legen und bei mittlerer Hitze unter häufigem Wenden etwa 25 Minuten grillen. Die Rosmarinzweige dabei auf die Rippchen legen.

Die Maiskolben rundum mit dem Öl bestreichen, mit Salz und Pfeffer würzen und nach etwa 10 Minuten mit unter den Grill legen.

Im Reisdampf gegartes Schweinefleisch mit Koriander-Sojasauce

Für 4 Personen — 15–20 Minuten plus 50 Minuten Kochen

150 g Langkorn-Naturreis, 1 kg magerer Schweinebauch, Himalajasalz

Für die Sauce
1 möglichst frische Knoblauchzehe, 1 Bund Koriander, 2 milde rote Chilischoten
8 EL Sojasauce

In einem Sieb den Reis unter fließendem kaltem Wasser abbrausen und in einen Topf geben. Das Schweinefleisch in vier Scheiben schneiden und auf den Reis legen, dann 1 Liter Wasser hinzufügen. Aufkochen und abgedeckt bei niedriger Temperatur etwa 50 Minuten köcheln lassen, bis das Fleisch weich ist. Mit dem Himalajasalz würzen.

Inzwischen den Knoblauch abziehen und zerdrücken. Den Koriander waschen, trocken schütteln und die Blätter hacken. Die Chilischoten halbieren, von Samen und Scheidewänden befreien und sehr fein würfeln.

In einer Schüssel 75 ml Wasser mit Knoblauch, Koriander, Chiliwürfeln und der Sojasauce verrühren. Reis und Schweinefleisch auf einer Servierplatte anrichten und die Koriander-Sojasauce separat dazu servieren.

Für 4 Personen
1 großer Bio-Apfel
6 EL Rapsöl, 200 g Bulgur, 30 g Butter, 600 ml Gemüsefond,
Salz, frisch gemahlener Pfeffer, ½ TL getrockneter Thymian
1 Zwiebel, 1–2 Zweige Zitronenthymian,
4 Scheiben küchenfertige Kalbsleber (à etwa 150 g), 1 EL Mehl
4 EL Portwein, 150 ml Kalbsfond

40 Minuten plus 15 Minuten Kochen und Quellen

Gerösteter Apfel-Bulgur mit Kalbsleber

Den Apfel waschen (nicht schälen), halbieren, entkernen und in dünne Spalten schneiden.

In einem weiten Topf die Hälfte des Rapsöls erhitzen und den Bulgur hinzufügen. Unter Rühren leicht anrösten. 20 g Butter und den Apfel hinzufügen, kurz braten und mit dem Gemüsefond ablöschen. Mit Salz, Pfeffer und Thymian würzen. Abgedeckt bei niedriger Temperatur 10 Minuten kochen, dann 5 Minuten ausquellen lassen.

Inzwischen die Zwiebel abziehen, halbieren und in Halbringe schneiden. Den Zitronenthymian waschen, trocken schütteln und die Blätter abzupfen. Die Kalbsleber im Mehl wenden.

In einer Pfanne das restliche Rapsöl (3 EL) und die restliche Butter (10 g) erhitzen und die Leber auf beiden Seiten wenige Minuten braten. Anschließend salzen und pfeffern, herausnehmen und warm stellen. Die Zwiebel in die Pfanne geben und einige Minuten braten, dann herausnehmen. Den Bratensatz mit Portwein und Kalbsfond ablöschen und etwas einkochen lassen.

Den Apfel-Bulgur mit Leber und Zwiebelringen auf vorgewärmten Tellern anrichten, mit etwas Portweinsauce beträufeln und mit Zitronenthymian bestreuen.

TIPP: Der Apfel-Bulgur schmeckt noch fruchtiger, wenn man einen Teil des Gemüsefonds durch Apfelcidre ersetzt.

Hirse-Lamm-Auflauf

Für 4 Personen

35 Minuten plus 15 Minuten Kochen und 15–20 Minuten Backen

400 g Lammfleisch, 1 große Zwiebel, 1 Knoblauchzehe,
1 rote Paprikaschote, 4 Tomaten, 2 Zweige Rosmarin
3–4 EL Öl, 250 ml Weißwein, Salz, frisch gemahlener Pfeffer
250 g Hirse
Butter für die Auflaufform, 80 g Hartkäse (Emmentaler oder Gouda), gerieben

Das Lammfleisch in mundgerechte Stücke schneiden. Zwiebel und Knoblauch abziehen. Die Zwiebel hacken, den Knoblauch zerdrücken. Die Paprikaschote halbieren, von Samen und Scheidewänden befreien und in Streifen schneiden. Die Tomaten kurz in kochendes Wasser tauchen, häuten, vom Stielansatz befreien und vierteln. Den Rosmarin waschen, trocken schütteln und die Nadeln abzupfen.

In einem weiten Topf das Öl erhitzen und das Fleisch darin von allen Seiten etwa 5 Minuten anbraten. Zwiebel, Knoblauch und Paprikaschote hinzufügen und weitere 5 Minuten braten. Die Tomaten dazugeben und den Weißwein angießen. Den Rosmarin hinzufügen, mit Salz und Pfeffer würzen. Das Lammfleisch abgedeckt etwa 15 Minuten bei niedriger Temperatur schmoren lassen, dann kräftig abschmecken.

Inzwischen in einem Sieb die Hirse unter fließendem Wasser abbrausen und in 800 ml Wasser 5 Minuten kochen. Anschließend salzen und 10 Minuten ausquellen lassen. Den Backofen auf 190 °C Ober-/Unterhitze vorheizen.

Die Butter zerlassen und eine Auflaufform damit fetten. Die Hirse hineingeben und den Inhalt des Fleischtopfes darauf verteilen. Mit Käse bestreuen und 15–20 Minuten überbacken, bis der Käse eine goldgelbe Kruste bildet.

GLOBAL

Buchweizen-Farz aus der Bretagne

Für 6 Personen

50 Minuten plus 2 Stunden Kochen

Für den Farz
300 g Buchweizenmehl, 5 Eier, 250 ml Milch, 2 Msp. Vanillemark, 60 g Butter, zerlassen,
1 Msp. Salz, 30 g Zucker, 125 g Backpflaumen, entsteint und nach Belieben halbiert
3 ½ l Fleischfond

Für den Rinderschmorbraten
40 g durchwachsener Bauchspeck, 1 Zwiebel, 1 große Tomate, 1 kleine Gewürzgurke
3 EL Rapsöl, 1 kg Rinderschmorbraten, 1 EL Tomatenmark, 125 ml Fleischfond oder Wasser,
Salz, frisch gemahlener Pfeffer, ½ TL edelsüßes Paprikapulver, 1 Zweig Thymian,
100 g Schmant
Zitronen- und Zucchinischeiben zum Garnieren (nach Belieben)

Für den Farz das Buchweizenmehl in eine Schüssel geben. Zuerst die Eier, dann die Milch unterrühren. Vanillemark, zerlassene Butter, Salz und Zucker hinzufügen und alles gut verkneten. Die Backpflaumen untermengen und den Teigkloß in einen Leinensack oder auf ein Geschirrtuch geben. Die Tuchenden fest zusammenbinden, jedoch so viel Platz lassen, dass der Teig aufgehen kann.

In einem großen Topf den Fleischfond zum Kochen bringen. Den Teigkloß hineingeben und bei mittlerer Temperatur knapp 2 Stunden garen. Anschließend im Fond abkühlen lassen.

Während der Farz gart, den Bauchspeck in kleine Würfel schneiden. Die Zwiebel abziehen und würfeln. Die Tomate kurz in kochendes Wasser tauchen, häuten, vom Stielansatz befreien und hacken. Die Gewürzgurke klein schneiden.

In einem Schmortopf das Öl erhitzen. Den Bauchspeck darin leicht anbraten. Das Rindfleisch hinzufügen und von allen Seiten anbraten. Die Zwiebel hineingeben und einige Minuten mitbraten. Tomate, Gewürzgurke und Tomatenmark hinzufügen und mit dem Fond oder Wasser ablöschen. Mit Salz, Pfeffer und Paprikapulver würzen. Den Thymianzweig einlegen und das Fleisch abgedeckt etwa 1½ Stunden schmoren lassen. Bei Bedarf etwas Flüssigkeit nachgießen. Am Ende der Garzeit den Schmant unterrühren und die Sauce durch ein Sieb passieren.

Den abgekühlten Farz aus dem Fond nehmen und in Scheiben schneiden. Den Rinderschmorbraten ebenfalls in Scheiben schneiden. Zum Servieren Farz und Fleisch abwechselnd zu einem Türmchen aufschichten und mit etwas Sauce beträufeln. Nach Belieben mit hauchdünnen Zitronen- und Zucchinischeiben garnieren.

Buchweizen mit Pfifferlingen

Für 4 Personen 40 Minuten plus 23–25 Minuten Kochen und 25 Minuten Garen

2 EL Olivenöl, 150 g Buchweizen, 1 Zweig Thymian
150 g Pancetta, ersatzweise Schinkenspeck, 1 große Zwiebel, 125 g Kürbisfruchtfleisch,
400 g Pfifferlinge, ersatzweise andere Pilze
2 EL Rapsöl, 40 g Butter, 200 ml trockener Weißwein, 200 ml Gemüsefond, Salz, frisch gemahlener Pfeffer, 2 Msp. Piment, 20 g Teffmehl, ersatzweise Dinkel- oder Weizenmehl
einige Zweige Kerbel, 3 EL Crème fraîche

In einer feuerfesten Pfanne das Olivenöl erhitzen. Den Buchweizen hineingeben und leicht rösten. Mit 400 ml Wasser ablöschen. Den Thymianzweig hinzufügen und den Buchweizen abgedeckt 8–10 Minuten kochen. Den Backofen auf 180 °C Ober-/Unterhitze vorheizen. Den Buchweizen darin noch etwa 25 Minuten garen.

Pancetta (luftgetrockneter Bauchspeck) würfeln. Die Zwiebel abziehen und fein hacken. Das Kürbisfruchtfleisch würfeln. Die Pfifferlinge putzen und je nach Größe halbieren oder vierteln.

In einer Pfanne das Rapsöl erhitzen, 10 g Butter und Pancetta hinzufügen. Die Pfifferlinge darin anbraten. Nach einigen Minuten Zwiebelstücke und Kürbiswürfel dazugeben. Mit Wein und Fond ablöschen. Mit Salz, Pfeffer und Piment würzen, dann 15 Minuten bei niedriger Temperatur kochen lassen. Die restliche Butter (30 g) mit dem Teffmehl verkneten und hineinrühren. Einige Minuten köcheln lassen.

Den Kerbel waschen, trocken schütteln und die Blätter hacken. Zusammen mit der Crème fraîche unter die Pfifferlingmasse rühren. Mit dem Buchweizen servieren.

Für 6 Personen
400 g Basmatireis, 1 grüne Chilischote
1,2 kg mageres Lammfleisch (Keule oder Schulter), 2 Zwiebeln, 2 Knoblauchzehen,
1 Stück frische Ingwerwurzel (etwa 2 cm)
6 EL geklärte Butter, ersatzweise Butterschmalz, 1 TL Muskatblüte, ½ TL Zimt, 1–2 TL Garam Masala,
2 Msp. Cayennepfeffer, 1 TL Paprikapulver, 250 g Naturjoghurt, 200 g saure Sahne, Salz
250 ml Fleischfond, 1 TL Safranfäden
125 ml Milch, 3 Zweige Minze oder Zitronenmelisse
3 EL Erdnussöl, 1 l Fleischfond, 40 g Rosinen
1–2 EL Pflanzenöl, 40 g geschälte Mandeln, 40 g Cashewkerne

45 Minuten plus 30 Minuten Einweichen, 45 Minuten Kochen und 20 Minuten Backen

Biriyani – Indisches Festmahl

Den Reis unter fließendem kaltem Wasser abbrausen, dann 30 Minuten in kaltem Wasser einweichen. Die Chilischote halbieren, von Samen und Scheidewänden befreien und klein würfeln.

Das Lammfleisch in 3–4 cm große Würfel schneiden. Die Zwiebeln und den Knoblauch abziehen. Die Zwiebeln in Ringe schneiden, den Knoblauch zerdrücken. Den Ingwer schälen und hacken.

In einer tiefen Pfanne 4 EL geklärte Butter erhitzen und die Zwiebeln darin goldgelb braten. Knoblauch und Ingwer hinzufügen und 1–2 Minuten mitbraten. Die Gewürze unterrühren. Das Fleisch hineingeben und von allen Seiten anbraten. Joghurt und saure Sahne hineinrühren, mit Salz würzen. Abgedeckt etwa 45 Minuten schmoren lassen.

In einem Topf den Fleischfond erhitzen und über die zerkrümelten Safranfäden gießen. Etwa die Hälfte davon nach und nach dem Fleisch hinzufügen.

Die Milch erhitzen. Die Minze oder Zitronenmelisse waschen, trocken schütteln und die Blätter abzupfen. Einige Blätter für die Garnitur beiseitelegen, die restlichen mit der heißen Milch übergießen.

In einem weiten Topf das Erdnussöl erhitzen. Den abgetropften Reis und die Chilischote darin einige Minuten anbraten. Mit dem Fleischfond ablöschen, Salz und Rosinen hinzufügen. Aufkochen lassen, einmal durchheben und den Reis abgedeckt ohne weiteres Umrühren bei geringer Temperatur 8–10 Minuten köcheln lassen, bis er bissfest ist. Den Backofen auf 160 °C Ober-/Unterhitze vorheizen.

Mit der restlichen geklärten Butter (2 EL) eine große Auflaufform fetten. Etwa ⅓ der Reismenge einfüllen, dann etwas von der Milch mit den Minzeblättern, anschließend ⅓ des Lammfleisches. Wieder eine Lage Reis daraufschichten und so fortfahren, bis alle Zutaten aufgebraucht sind. Das Gericht mit dem restlichen Safranfond übergießen und etwa 20 Minuten im Backofen backen.

Das Öl in einer Pfanne erhitzen. Mandeln und Cashewkerne hineingeben und goldgelb rösten. Biriyani anrichten und mit Mandeln, Cashewkernen und der restlichen Minze oder Zitronenmelisse garnieren.

Wildschweintopf mit Gerstengraupen

Für 4 Personen 50 Minuten plus 12 Stunden Marinieren und 80 Minuten Kochen

Für die Marinade
1 Bund Suppengemüse (Karotte, Lauch, Sellerieknolle), 1 Zwiebel,
150 ml Kräuteressig, Salz, 4 Wacholderbeeren, 3 Gewürznelken, 3 Lorbeerblätter

Für den Eintopf
800 g Wildschweinfleisch ohne Knochen
2 Zwiebeln, 1–2 Knoblauchzehen, 3 Karotten, 250 g gemischte Waldpilze
(z. B. Pfifferlinge, Steinpilze, Maronenröhrling), ersatzweise Champignons
3 EL Butterschmalz, frisch gemahlener Pfeffer, ¼ TL Piment, 1 TL Pilzpulver,
1 Lorbeerblatt, 1 Zweig Thymian, 1 ¼ l heißer Fleischfond
100 g Gerstengraupen
2 Zweige glatte Petersilie, 100 g Schmant

Bereits am Vorabend das Suppengemüse putzen, waschen und klein schneiden. Die Zwiebel abziehen und würfeln. Alles gemeinsam mit 400 ml Wasser, Essig, Salz und Gewürzen aufkochen und abkühlen lassen.

Das Wildschweinfleisch in 3–4 cm große Stücke schneiden, in die Marinade legen und über Nacht kühl stellen.

Am nächsten Tag die Zwiebeln und den Knoblauch abziehen. Die Zwiebeln halbieren und in dünne Halbringe schneiden, den Knoblauch zerdrücken. Die Karotten waschen, schaben und in Stifte oder Scheiben schneiden. Die Pilze putzen und klein schneiden.

Das Fleisch aus der Marinade nehmen und trocken tupfen. In einem weiten Topf das Schmalz erhitzen und das Fleisch darin von allen Seiten anbraten. Die Pilze hinzufügen und einige Minuten mitbraten. Dann die Zwiebeln und den Knoblauch dazugeben. Mit Salz, Pfeffer, Piment und Pilzpulver würzen. Lorbeerblatt und Thymianzweig hineingeben und 250 ml Fleischfond angießen. Abgedeckt bei niedriger Temperatur 50 Minuten garen.

Nun den restlichen Fleischfond, Karotten und Graupen hinzufügen. Abgedeckt weitere 30 Minuten kochen, bis Fleisch und Graupen gar sind.

Die Petersilie waschen, trocken schütteln und die Blätter hacken. Zusammen mit dem Schmant unter das Fleisch rühren und den Wildschweintopf kräftig abschmecken. Auf vier vorgewärmte Teller verteilen.

Ungarischer Hirschtopf mit Bulgur

Für 4 Personen 35 Minuten plus 25 Minuten Kochen

1 Zwiebel, 1 Knoblauchzehe, 1 Karotte, 1 Stück Knollensellerie, 1 Petersilienwurzel, ½ Stange Lauch, 250 g frische Waldpilze, 600 g Hirschfleisch
3 EL Pflanzenöl, 15 g Butter, Salz, frisch gemahlener Pfeffer, 2 TL edelsüßes Paprikapulver, etwa 1 l Wildfond, ersatzweise Fleischfond, 1 Lorbeerblatt, 5 Wacholderbeeren, 1 Zweig Majoran
200 g Bulgur, 100 ml trockener Rotwein, 2 Zweige glatte Petersilie

Die Zwiebel und den Knoblauch abziehen. Die Zwiebel hacken, den Knoblauch zerdrücken. Karotte, Sellerie und Petersilienwurzel waschen und in feine Stifte schneiden. Den Lauch waschen und in dünne Ringe schneiden. Die Pilze putzen und in Scheiben teilen. Das Hirschfleisch in mundgerechte Stücke schneiden.

In einem großen Topf das Öl erhitzen und die Butter hinzufügen. Das Fleisch unter häufigem Wenden darin anbraten. Die Pilze hinzufügen und kurz mitbraten, dann das restliche Gemüse dazugeben. Mit Salz, Pfeffer und Paprikapulver würzen. Die Hälfte des Wildfonds angießen. Lorbeerblatt, Wacholderbeeren und Majoranzweig hinzufügen. Abgedeckt bei niedriger Temperatur 30 Minuten garen.

Den restlichen Fond angießen und den Bulgur und den Rotwein hinzufügen. Etwa 25 Minuten bei niedriger Temperatur kochen lassen, bis das Fleisch gar ist. Die Petersilie waschen, trocken schütteln, hacken und die Hälfte davon kurz vor dem Servieren untermischen. Das Lorbeerblatt und den Majoranzweig entfernen. Den Hirschtopf auf vier vorgewärmte Teller verteilen und mit der restlichen Petersilie bestreuen.

Hasenrückenfilet in Granatapfelsauce mit Grünkern

Für 4 Personen

30 Minuten plus 12 Stunden Marinieren, 35 Minuten Kochen und 15 Minuten Braten

4 Hasenrückenfilets (à etwa 160 g), 250 ml Sonnenblumenöl, 5 Wacholderbeeren, je 5 schwarze und weiße Pfefferkörner, 4 Pimentkörner, 1 Lorbeerblatt
200 g Grünkern, Salz
2 Granatäpfel
2 EL Olivenöl, 25 g Butter, frisch gemahlener weißer Pfeffer, 1 Zweig Oregano
3 EL Noilly Prat, 100 ml Sahne, 2 EL Crème fraîche, 2 Msp. Piment

Bereits am Vorabend die Hasenrückenfilets marinieren. Dazu Öl, Wacholderbeeren, Pfeffer- und Pimentkörner sowie das Lorbeerblatt in einer Schale verrühren und die Filets darin einlegen; sie sollen vollständig vom Öl bedeckt sein.

Am nächsten Tag in einem Sieb den Grünkern unter fließendem Wasser abbrausen. In einem Topf 550 ml Wasser zum Kochen bringen, salzen, den Grünkern einstreuen und abgedeckt bei niedriger Temperatur 35 Minuten kochen.

Inzwischen die Granatäpfel halbieren. Aus drei Hälften den Saft auspressen. Aus der vierten Hälfte die Kerne vorsichtig herauslösen und beiseitestellen. Den Backofen auf 120 °C Ober-/Unterhitze vorheizen.

Die Hasenrückenfilets aus der Marinade nehmen und eventuell anhaftende Gewürzkörner vorsichtig abstreifen. Das Olivenöl in einer feuerfesten Pfanne erhitzen. Die Butter hinzufügen und die Hasenrückenfilets darin von allen Seiten anbraten. Anschließend salzen, pfeffern und den Oreganozweig dazugeben. Etwa 15 Minuten im Backofen braten.

Die Filets herausnehmen und warm halten. Granatapfelsaft, Noilly Prat (französischer Wermut), Sahne und Crème fraîche in die Pfanne geben und den Bratensatz damit loskochen. Mit Salz, Pfeffer und Piment würzen.

Die Hasenrückenfilets schräg in Scheiben schneiden. Mit der Granatapfelsauce und dem Grünkern anrichten und mit den Granatapfelkernen bestreuen.

TIPP: Ein schlichter Feldsalat mit fein gehackten Schalotten passt ausgezeichnet dazu.

NEUE KLASSIKER

Für Vegetarier

Vor allem aus der vegetarischen Küche waren bisher die wiederentdeckten alten Getreidesorten und viele Pseudogetreidearten bekannt. Gesund sind sie ja auch, reichhaltig an Nährstoffen, teilweise glutenfrei und so weiter. Oft vergisst man das Wichtigste: Sie sind unglaublich lecker! In einer bunten Gemüsepfanne fühlt sich Buchweizen so richtig wohl, in Bratlingen macht sich Dinkel sehr gut und Kamut verpackt in einem Pizzateig gibt ein herrlich nussiges Aroma. Frisches Gemüse verpasst dieser Vielfalt noch den letzten Schliff.

Buchweizen mit Steinpilzen

Für 4 Personen 25 Minuten plus 23–25 Minuten Kochen

200 g Buchweizen, Salz
400 g Steinpilze, 2 Karotten, 1 Petersilienwurzel, 1 kleine Stange Lauch, 1 Zwiebel,
3 Zweige glatte Petersilie
3 EL Öl, 25 g Butter

In einem Topf den Buchweizen mit 600 ml Wasser zum Kochen bringen, salzen und abgedeckt bei niedriger Temperatur etwa 15 Minuten kochen lassen.

Die Steinpilze putzen, das Gemüse waschen. Kleine Pilze halbieren, große in Scheiben schneiden.Die Karotten schaben und wie die Petersilienwurzel in dünne Scheiben oder Stifte schneiden. Den Lauch feinstreifig schneiden. Die Zwiebel abziehen und würfeln. Die Petersilie waschen, trocken schütteln und die Blätter hacken.

In einem weiten Topf das Öl erhitzen. Die Steinpilze scharf anbraten, dann die Temperatur reduzieren. Die Butter hinzufügen. Alle Gemüsesorten hineingeben und 8–10 Minuten garen. Vom Herd nehmen und die Petersilie unterrühren.

Zum Servieren die Pilze und das Gemüse auf dem Buchweizen anrichten.

Gefüllte Chicorée-Schiffchen

Für 4 Personen 15 Minuten plus 10 Minuten Kochen

100 g Canihua
2 kleine Rote Beten, gekocht und geschält, 1 EL Sahnemeerrettich (aus dem Glas),
1 EL Apfelessig, 100 g fester Quark, 2 EL Crème fraîche, Salz, frisch gemahlener weißer Pfeffer
2 Stauden Chicorée, vorzugsweise mit violett-rötlichen Blattspitzen
Canihua- oder Quinoakeime (siehe Tipp), ersatzweise Rote-Bete- und Alfalfasprossen

In einem Topf 350 ml Wasser zum Kochen bringen. Canihua einstreuen, einmal durchheben und ohne weiteres Umrühren abgedeckt 10 Minuten bei niedriger Temperatur kochen und abkühlen lassen.

Die Roten Beten mit Meerrettich und Essig pürieren. Mit Quark, Crème fraîche und Canihua vermischen. Mit Salz und Pfeffer würzen.

Die vier äußeren größeren Blätter des Chicorées vorsichtig lösen, waschen und trocken tupfen. Die Canihua-Rote-Bete-Mischung in die Blätter füllen.

Die Chicorée-Schiffchen zum Servieren mit Quinoakeimen garnieren.

TIPP: Um Quinoakeime selbst zu ziehen, Quinoa in ein Keimgerät oder Keimglas (mit Zellstoff) mit durchsichtigem Deckel geben und abgedeckt an einem hellen Ort bei etwa 22 °C 24–30 Stunden keimen lassen.

Mit Canihua gefüllte Ochsenherztomaten

Für 4 Personen 40 Minuten plus 10 Minuten Kochen und 15 Minuten Backen

200 ml Gemüsefond, 50 g Canihua, ersatzweise Couscous
4 große Fleischtomaten, vorzugsweise Ochsenherztomaten, Salz, 1 Zwiebel, 1 Zucchini, 3 Kräuterseitlinge
1 EL Olivenöl, 25 g Butter, frisch gemahlener Zitronenpfeffer, ½ TL getrockneter Thymian, frisch geriebene Muskatnuss
2 EL Semmelbrösel, 35 g Parmesan, frisch gerieben, Butter für die Form

Den Gemüsefond zum Kochen bringen, Canihua einstreuen, einmal durchheben und abgedeckt bei niedriger Temperatur 10 Minuten kochen lassen. Die Flüssigkeit sollte verkocht sein, andernfalls abgießen. Vom Herd nehmen.

Die Tomaten waschen. Den oberen Teil mit dem Stielansatz abschneiden und beiseitestellen. Die Früchte vorsichtig aushöhlen und leicht salzen. Das ausgehöhlte Fruchtfleisch hacken. Die Zwiebel abziehen und fein hacken. Die Zucchini waschen und ungeschält fein würfeln. Die Kräuterseitlinge putzen und in kleine Stücke schneiden. Den Backofen auf 190 °C Ober-/Unterhitze vorheizen.

In einer Pfanne das Öl erhitzen und die Butter hinzufügen. Die Zwiebel darin anbraten. Die Kräuterseitlinge dazugeben und einige Minuten mitbraten. Dann die Zucchini hinzufügen und einige Minuten weiterbraten. Mit Salz, Zitronenpfeffer, Thymian und Muskatnuss würzen. Vom Herd nehmen.

Das gehackte Tomatenfruchtfleisch, Canihua, Semmelbrösel und Parmesan unter die Zucchini-Pilz-Masse rühren und gut abschmecken. Die Masse in die Tomaten füllen. Den Deckel der Tomaten auflegen. Die Tomaten in eine mit Butter gefettete feuerfeste Form setzen und im Backofen auf der mittleren Schiene etwa 15 Minuten überbacken.

Für 4 Personen
4 Zucchiniblüten, 1 kleine Schalotte
25 g Pinienkerne, 1 EL Olivenöl, 4 EL Canihua, ersatzweise Quinoa, gekocht
1 Ei, 50 g Ziegenfrischkäse, 25 g Semmelbrösel, Salz, frisch gemahlener weißer Pfeffer, frisch geriebene Muskatnuss
je 1 EL Olivenöl und Butter für die Form, 100 ml Gemüsefond, 80 ml trockener Weißwein

35 Minuten plus 15 Minuten Garen

Mit Canihua gefüllte Zucchiniblüten

Die Zucchini vorsichtig waschen und trocknen. Die Kelche der Zucchiniblüten vorsichtig öffnen und die Stempel entfernen. Die Schalotte abziehen und fein hacken.

In einer Pfanne die Pinienkerne ohne Fett leicht rösten und herausnehmen. Das Olivenöl in der Pfanne erhitzen und die Schalotte darin anbraten. Die Schalotte mit den Pinienkernen und Canihua pürieren.

Nach dem Abkühlen Ei, Ziegenfrischkäse und Semmelbrösel unter die Canihua-Masse rühren. Mit Salz, Pfeffer und Muskatnuss würzen. Die Masse in einen Spritzbeutel geben und die Zucchiniblüten damit füllen. Die Blütenblätter, leicht drehend, verschließen.

Den Backofen auf 170 °C Ober-/Unterhitze vorheizen. Eine Auflaufform mit dem Olivenöl und der Butter fetten. Die Zucchini mit den gefüllten Blüten hineingeben. Gemüsefond und Wein angießen. Mit Salz und Pfeffer würzen. Die Form mit Alufolie abdecken und die gefüllten Zucchiniblüten im Backofen auf der zweiten Schiene von unten etwa 15 Minuten garen.

Pfannkuchen mit Tomaten nach bretonischer Art

Für 4 Personen

40 Minuten plus 2 Stunden Ruhen

Für die Pfannkuchen

150 g Buchweizenmehl, ½ EL grobes, möglichst ungebleichtes Meersalz, 1 Ei, 1 EL Sonnenblumenöl, 200 ml Cidre

Für den Belag

2 Zwiebeln, 1 Knoblauchzehe, 5 Tomaten, 25 g Butter, 1 Zweig Thymian, 4 EL Cidre, 4 kleine Zweige Kerbel
Öl, Butter oder Schmalz zum Braten

Das Buchweizenmehl in eine Schüssel geben und in die Mitte eine Vertiefung drücken. Salz, Ei und Öl hineingeben und verrühren. Den Cidre mit 200–250 ml Wasser mischen, nach und nach dazugießen und mindestens 6 Minuten zu einem geschmeidigen Teig verkneten. Den Teig 2 Stunden ruhen lassen.

Inzwischen die Zwiebeln und den Knoblauch abziehen. Die Zwiebeln fein würfeln, den Knoblauch zerdrücken. Die Tomaten kurz in kochendes Wasser tauchen, häuten, vom Stielansatz befreien, grob entkernen und hacken. Die Butter in einer Pfanne zerlassen. Die Zwiebeln darin goldgelb braten. Den Knoblauch, die Tomaten und den Thymianzweig dazugeben. Mit Cidre ablöschen und einkochen lassen. Den Kerbel waschen, die Blättchen hacken und unter die Tomaten mischen.

Eine Pfanne erst erhitzen, dann etwas Fett hineingeben. Mit einem kleinen Schöpflöffel ¼ des Teiges hineingeben und gleichmäßig darin verteilen. Sobald der Teigrand fest zu werden beginnt, den Pfannkuchen wenden und auf der anderen Seite backen. Warm stellen. Auf diese Weise drei weitere Pfannkuchen zubereiten. Anschließend die Pfannkuchen mit der Tomatenmasse bestreichen, in der Mitte zusammenklappen und sofort servieren.

TIPP: Hauchdünn werden die Pfannkuchen mithilfe eines Crêpes-Makers. Dazu gibt man etwas Teig auf die linke Seite der Platte und verteilt ihn mit dem Teigschieber mit einer gleichmäßig drehenden Bewegung, ohne dabei fest aufzudrücken. Wenn der Teigrand fest zu werden beginnt, muss der Pfannkuchen gewendet werden.

Amarant-Haselnuss-Bratlinge

Für 4 Personen 25–30 Minuten plus 30 Minuten Kochen und Quellen

150 g Amarant, 600 ml Gemüsefond
1 kleine Zucchini (etwa 125 g), 3 Zweige glatte Petersilie, 60 g Haselnüsse, gemahlen, 60 g Hartkäse (Emmentaler oder Gouda), gerieben, 35 g Dinkelvollkornmehl, 2 Eier, Salz, frisch gemahlener Pfeffer, ½ TL Kreuzkümmel, 2 Msp. Chilipulver
etwa 6 EL Olivenöl

In einem Sieb den Amarant unter fließendem heißem Wasser abbrausen. In einem Topf den Gemüsefond zum Kochen bringen, Amarant hineingeben und 20 Minuten bei geringer Temperatur kochen. Dann 10 Minuten ausquellen und etwas abkühlen lassen. Der Fond sollte verkocht sein, andernfalls abgießen.

Inzwischen die Zucchini waschen und ungeschält in kleine Würfel schneiden. Die Petersilie waschen, trocken schütteln und hacken. Amarant, Zucchini, Petersilie, Haselnüsse, Käse, Dinkelmehl und Eier vermischen. Mit Salz, Pfeffer, Kreuzkümmel und Chilipulver abschmecken.

In einer großen Pfanne das Öl erhitzen. Die Amarant-Masse esslöffelweise in die Pfanne geben und die Häufchen zu Bratlingen flach drücken. Die Bratlinge auf beiden Seiten je etwa 5 Minuten braten.

TIPP: Dazu passen – je nach Jahreszeit – Löwenzahnsalat mit Erdbeeren und Joghurtdressing, Rettichsalat mit Quark-Remouladensauce oder eingelegter süß-saurer Kürbis mit Kapuzinerkresseblüten.

Quinoa-Kürbis-Eintopf

Für 4 Personen 15 Minuten plus 40 Minuten Garen

1 kleiner Kürbis (etwa 900 g), vorzugsweise Hokkaido, 1 rote Chilischote,
1 Stängel Zitronengras
175 g Quinoa, 1 l Gemüsefond, 3 Sternanis, ½ Zimtstange, Salz, ½ TL Piment,
½ TL Kreuzkümmel, 1–2 Msp. Cayennepfeffer
1 Frühlingszwiebel, 2 EL Kürbiskerne

Den Kürbis waschen, von Kernen und Fasern befreien und in etwa 4 cm große Stücke schneiden. (Hokkaidokürbis wird ungeschält verwendet, andere Sorten zuvor schälen!) Die Chilischote halbieren, von Samen und Scheidewänden befreien und klein schneiden. Das untere Ende des Zitronengrases in dünne Ringe schneiden.

Den Backofen auf 180 °C Ober-/Unterhitze vorheizen. In einem Sieb das Quinoa unter fließendem heißem Wasser abbrausen und mit dem Gemüsefond in einen feuerfesten Topf mit Deckel geben. Kürbis, Chilischote, Sternanis, Zimtstange und Zitronengras hinzufügen. Mit Salz, Piment, Kreuzkümmel und Cayennepfeffer würzen.

Im Backofen etwa 40 Minuten garen, bis das Quinoa gar ist. Die Frühlingszwiebel waschen, in dünne Ringe schneiden und über das fertige Gericht geben. Mit Kürbiskernen bestreuen.

TIPP: Die Schale des Hokkaido wird beim Garen so weich, dass sie mitgegessen werden kann. Das nussige Aroma harmoniert sehr gut mit Quinoa und den Gewürzen. Mit einem Gewicht von etwa 1 kg ist dieser Kürbis ideal für ein Familienmahl.

Polenta-Tarte

Für 4 Personen

40 Minuten plus 15–20 Minuten Backen

1 Tarteform (22 cm Ø)
750 ml Gemüsefond, 180 g Polenta (Instant), Salz, 1 Ei , frisch geriebene Muskatnuss
250 g braune Champignons, 2 kleine Zwiebeln, 1 Knoblauchzehe, 4 aromatische Tomaten, 2 Zweige Oregano
4 EL Olivenöl, frisch gemahlener Pfeffer, etwa 1 TL getrocknete Kräuter der Provence, 75 g Hartkäse (Emmentaler oder Gouda), gerieben

Die Tarteform mit Backpapier auslegen. In einem Topf den Gemüsefond zum Kochen bringen. Die Polenta (Maisgrieß) einrühren, salzen und unter Rühren 2 Minuten kochen. (Achtung, Spritzgefahr!) Vom Herd nehmen und 3 Minuten ziehen lassen. Etwas abkühlen lassen, das Ei einrühren und mit Muskatnuss würzen. Die Masse sofort in die Tarteform geben und mit einem in kaltes Wasser getauchten Spatel glatt streichen.

Die Pilze putzen und in Scheiben schneiden. Die Zwiebeln und den Knoblauch abziehen. Die Zwiebeln in Halbringe schneiden, den Knoblauch hacken. Die Tomaten waschen und in Scheiben schneiden. Den Oregano waschen, trocken schütteln und die Blätter hacken. Den Backofen auf 180 °C Ober-/Unterhitze vorheizen.

In einer Pfanne das Olivenöl erhitzen und die Champignons darin einige Minuten braten. Zwiebeln und Knoblauch hinzufügen und einige Minuten weiterbraten. Die Tomaten auf die Polenta geben. Mit Salz, Pfeffer und Kräutern der Provence würzen. Mit der Champignon-Zwiebel-Mischung bedecken. Mit Oregano und dem Käse bestreuen.

Die Polenta-Tarte im Backofen auf der mittleren Schiene 15–20 Minuten backen, bis der Käse goldbraun ist.

Gefüllte Maismehl-Pfannkuchen

Für 2 Personen

45 Minuten

Für die Pfannkuchen
50 g Maismehl, 40 g Weizenmehl (Type 550), 2 Eier, 250 ml Mineralwasser, Salz, 1 Msp. Kreuzkümmel

Für die Füllung
1 Karotte, 1 kleiner Kohlrabi, 1 Frühlingszwiebel, 2 Zweige glatte Petersilie
1 EL Erdnussöl, 1 EL Butter, frisch gemahlener weißer Pfeffer, 2 EL Crème fraîche
Pflanzenöl zum Braten

Maismehl und Weizenmehl in einer Schüssel mischen. Die Eier hinzufügen, dann das Mineralwasser unterrühren. Mit Salz und Kreuzkümmel würzen. Den Teig abgedeckt ruhen lassen, bis die Füllung fertiggestellt ist.

Die Karotte schaben und den Kohlrabi schälen, beides in kleine Stücke schneiden. Die Frühlingszwiebel waschen und in Ringe schneiden. Die Petersilie waschen, trocken schütteln und die Blätter hacken.

In einem Topf das Erdnussöl erhitzen und die Butter hinzufügen. Das Gemüse darin etwa 8 Minuten braten. Die Frühlingszwiebel dazugeben und noch einige Minuten unter Rühren weiterbraten. Mit Salz und Pfeffer würzen. Vom Herd nehmen, Petersilie und Crème fraîche unterziehen und warm halten.

In einer Pfanne das Öl erhitzen und die Hälfte des Pfannkuchenteiges hineingießen. Auf beiden Seiten einige Minuten backen, bis der Pfannkuchen goldgelb ist. Herausnehmen, warm halten, und den zweiten Pfannkuchen ebenso backen. Die Füllung darauf verteilen und die Pfannkuchen in der Mitte zusammenklappen.

Tajine mit Okra, Tomaten und Couscous

Für 4 Personen

25 Minuten plus 25–30 Minuten Kochen

600 g Tomaten, 500 g Okras, 400 g Kürbisfleisch, 1 Gemüsezwiebel, 1 Knoblauchzehe, 3 Zweige glatte Petersilie
4 EL Olivenöl, Salz, frisch gemahlener Pfeffer, 3 Msp. edelsüßes Paprikapulver, 1 Msp. Kreuzkümmel, etwa 500 ml Gemüsefond, 150 g Couscous (Instant)

Die Tomaten kurz in kochendes Wasser tauchen, häuten, entkernen und hacken. Die Okras waschen, trocken tupfen und die Stiele entfernen, ohne die Schoten zu verletzen. Den Kürbis in Stücke schneiden. Die Zwiebel und den Knoblauch abziehen. Die Zwiebel fein hacken, den Knoblauch zerdrücken. Die Petersilie waschen, trocken schütteln und die Blätter hacken.

In einer Tajine das Olivenöl erhitzen. Okras, Kürbis und Zwiebel hineingeben und kurz anbraten. Knoblauch und Tomaten hinzufügen. Mit Salz, Pfeffer, Paprikapulver und Kreuzkümmel würzen. Den Gemüsefond angießen. Abgedeckt bei mäßiger Temperatur 25–30 Minuten köcheln lassen, bis die Okras weich, aber noch bissfest sind. 5 Minuten vor Ende der Garzeit den Couscous einstreuen.

Vor dem Servieren die Petersilie unterrühren und die Tajine nochmals abschmecken. Das Gericht in der Tajine servieren.

TIPP: Für dieses Gericht eignet sich die Kürbissorte Muscade de Provence sehr gut. Sein orangefarbenes Fruchtfleisch ist aromatisch und saftig. Auf dem Wochenmarkt oder beim Gemüsehändler sind auch Scheiben oder größere Stücke erhältlich.

Für 4 Personen

Für die Bratlinge
125 g Dinkel oder Kamut, 400 ml Gemüsefond
2 kleine Karotten, 1 Zucchini, ½ Stange Lauch, 1 Petersilienwurzel, 1 kleines Bund Petersilie
5 EL Rapsöl, 25 g Butter, 2 EL Mehl, 2 Eier, 75 g Hartkäse (Emmentaler oder Gouda), gerieben, Salz, frisch gemahlener Pfeffer

Für die Saucen
je 25 g grüne und rote Gartenmelde (Blätter), 1 rote Zwiebel, 1 Frühlingszwiebel
4 EL Olivenöl, 30 g Butter, 2 EL Mehl, 600 ml Gemüsefond, frisch geriebene Muskatnuss
6 EL Schmant, 100 ml Rote-Bete-Saft, 2 TL Pistazien, gehackt, 2 TL Chiasamen, junge Raukeblätter

60–70 Minuten plus 12 Stunden Quellen und 55 Minuten Kochen

Getreidebratlinge mit Sauce von grüner und roter Gartenmelde

Bereits am Vorabend das Getreide mit 250 ml Wasser in einen Topf geben und quellen lassen. Am nächsten Tag den Gemüsefond dazugeben und das Getreide bei niedriger Temperatur 55 Minuten kochen, bis die Flüssigkeit fast verkocht ist (die Restbrühe für die Saucen verwenden).

Karotten, Zucchini, Lauch und Petersilienwurzel waschen und in sehr kleine Würfel schneiden. Die Petersilie waschen, trocken schütteln und hacken.

In einem Topf 2 EL Rapsöl erhitzen und die Butter hinzufügen. Die Gemüsewürfel darin etwa 10 Minuten anbraten, dann die Petersilie dazugeben. Die Gemüsemischung mit dem Getreide vermengen. Mehl, Eier und Käse untermischen und die Masse kräftig mit Salz und Pfeffer würzen.

In einer weiten Pfanne das restliche Rapsöl (3 EL) erhitzen. Die Getreidemischung hineingeben und zu runden Bratlingen flach drücken. Diese auf beiden Seiten je etwa 5 Minuten braten.

Für die Saucen die grüne und rote Gartenmelde getrennt waschen und trocken schütteln. Die rote Zwiebel abziehen und würfeln. Die Frühlingszwiebel waschen und fein schneiden.

In zwei kleinen Töpfen jeweils die Hälfte des Olivenöls erhitzen und die Hälfte der Butter hinzufügen. Die Frühlingszwiebel in dem einen, die rote Zwiebel in dem anderen Topf anschwitzen. Die grüne Gartenmelde zur Frühlingszwiebel geben, die rote Gartenmelde zur roten Zwiebel. Einige Minuten mitbraten. Mit je 1 EL Mehl bestauben, anschwitzen lassen und mit jeweils der Hälfte des Gemüsefonds ablöschen. Mit Salz, Pfeffer und Muskatnuss würzen und pürieren.

In die grüne Sauce 3 EL Schmant, in die rote Sauce den Rote-Bete-Saft und den restlichen Schmant (3 EL) rühren, dann 8–10 Minuten bei sehr niedriger Temperatur köcheln lassen. Die grüne Gartenmelde-Sauce mit den Pistazien, die rote Gartenmelde-Sauce mit Chiasamen bestreuen. Mit jungen Raukeblättern garniert servieren.

Maismehl-Bohnenfladen

Für 4 Personen 30 Minuten plus 10 Minuten Ruhen

1 rote Paprikaschote, 1 gelbe Chilischote, 3 Zweige Oregano
4 EL Maismehl, 3 EL Dinkelmehl, 2 Eier, 175 ml Milch, 100 g schwarze Bohnen, gekocht, Salz, frisch gemahlener Pfeffer
Erdnussöl zum Braten

Für den Dip
300 g Joghurt, 2 EL Maracujasirup, 2 EL dicke Kokosmilch

Die Paprikaschote und die Chilischote waschen, halbieren und von Samen und Scheidewänden befreien. Die Paprikaschote in kleine Stücke und die Chilischote in winzige Würfel schneiden. Den Oregano waschen, trocken schütteln und die Blätter hacken.

In einer Schüssel Maismehl, Dinkelmehl, Eier und Milch verrühren. Schwarze Bohnen, Paprikaschote, Chilischote und Oregano hinzufügen. Mit Salz und Pfeffer würzen, dann 10 Minuten abgedeckt ruhen lassen.

In einer großen Pfanne das Öl erhitzen. Jeweils 1 EL Teig pro Fladen in die Pfanne geben und auf beiden Seiten einige Minuten braten, bis die Fladen goldgelb sind. Anschließend auf Küchenpapier entfetten.

Für den Dip Joghurt, Maracujasirup und Kokosmilch verrühren und gut gekühlt dazu reichen.

Focaccia

Für 4 Personen 30 Minuten plus 30 Minuten Gehen und 25 Minuten Backen

250 g Dinkelvollkornmehl, 125 g Maismehl, 5 TL Trockenhefe, 2 TL Zucker,
250 ml warme Milch
2½ EL Rapsöl, 5 EL Quark, Salz, ½ TL Kreuzkümmel
20 Kirschtomaten, einige Zweige Thymian
1 EL Mehl, 4 EL Tomatenmark, 350–400 g Feta, frisch gemahlener Pfeffer, 4–6 TL Chiliöl

Dinkelmehl und Maismehl in einer Schüssel mischen. In die Mitte eine Vertiefung drücken und die Hefe hineingeben. Die Hefe mit dem Zucker, der warmen Milch und etwas Mehl vom Rand verrühren und den Vorteig abgedeckt an einem warmen, zugluftfreien Ort 15 Minuten gehen lassen.

Öl und Quark hinzufügen, mit Salz und Kreuzkümmel würzen. Alle Zutaten gut verkneten und den Teig abgedeckt weitere 15 Minuten gehen lassen.

Den Backofen auf 200–220 °C Ober-/Unterhitze vorheizen. Ein Blech mit Backpapier belegen. Die Tomaten waschen, vom Stielansatz befreien und halbieren. Den Thymian waschen, trocken schütteln und hacken.

Die Arbeitsfläche mit dem Mehl bestauben. Den Teig darauf ausrollen und zu vier Ovalen von etwa 13 x 24 cm formen. Diese auf das Blech legen und mit Tomatenmark bestreichen. Den Feta darüberbröckeln und die Tomaten darauf verteilen. Mit Salz und Pfeffer würzen und mit Chiliöl beträufeln. Den Thymian darüberstreuen. Die Focaccia im Backofen auf der mittleren Schiene etwa 25 Minuten backen.

Einkorn in Lauchcreme mit Kapuzinerkresseblüten

Für 4 Personen

30 Minuten plus 12 Stunden Einweichen, 55 Minuten Kochen und Quellen und 30 Minuten Backen

150 g Einkorn (Emmer)
1 Zwiebel, 2 Stangen Lauch, 2 Kartoffeln, 2 EL Rapsöl, 1 EL Butter, 200 ml Gemüsefond, Salz
100 g Schmant, 1 großes Ei oder 2 kleine Eier, frisch gemahlener Pfeffer, frisch geriebene Muskatnuss
Butter für die Formen, 60 g Parmesan, frisch gerieben, 4 Kapuzinerkresseblüten

Das Einkorn bereits am Vorabend in kaltem Wasser einweichen. Am nächsten Tag im Einweichwasser 20 Minuten bei niedriger Temperatur kochen. Vom Herd nehmen und 20 Minuten ausquellen lassen. Das Wasser sollte verkocht sein, andernfalls abgießen.

Die Zwiebel abziehen und grob zerkleinern. Den Lauch waschen und in Ringe schneiden. Die Kartoffeln schälen und in kleine Stücke schneiden. In einer tiefen Pfanne das Rapsöl erhitzen. Die Butter hinzufügen. Die Zwiebel und den Lauch darin einige Minuten anbraten, dann die Kartoffeln dazugeben. Mit dem Fond ablöschen und salzen. Abgedeckt 15 Minuten kochen lassen, bis die Kartoffeln weich sind.

Den Backofen auf 180 °C Ober-/Unterhitze vorheizen. Die Lauch-Kartoffel-Masse im Mixer pürieren, Schmant und Ei hinzufügen und mit dem Einkorn mischen. Mit Salz, Pfeffer und Muskatnuss kräftig würzen.

Vier kleine Auflaufformen (oder eine große Form) mit etwas Butter fetten. Die Masse einfüllen, mit Parmesan bestreuen und im Backofen in etwa 30 Minuten goldgelb backen. Mit Kapuzinerkresseblüten garniert servieren.

Pfannengerührter Pak-Choi mit Reisnudeln

Für 4 Personen 25 Minuten plus 30 Minuten Einweichen und einige Minuten Kochen

150 g getrocknete Reisnudeln (flach und eckig)
650–700 g Pak-Choi, 1 mittelscharfe rote Chilischote
5 EL Sojaöl, 2 EL Sesamsaat, 2 EL Austernsauce, etwa 2 EL Sojasauce, 2 EL Sesamöl

Die Reisnudeln 30 Minuten in kaltem Wasser einweichen. Dann in reichlich kochendem Wasser unter Rühren nach Packungsanweisung gar kochen. Durch ein Sieb abseihen, mit kaltem Wasser abschrecken und abtropfen lassen.

Den Pak-Choi gut waschen. Die Blätter in Streifen schneiden und die Stiele würfeln. Die Chilischote waschen, mit einem spitzen Messer von Samen und Scheidewänden befreien und die Schote in Ringe schneiden.

In einer weiten Pfanne das Sojaöl erhitzen und die Pak-Choi-Stiele darin 3 Minuten leicht braten. Die Blätter hinzufügen und weitere 2–3 Minuten braten. Chilischote und Sesamsaat dazugeben. Austernsauce, Sojasauce, Sesamöl und 3 EL Wasser verrühren, darübergießen und die Reisnudeln unterheben.

Reisnudeln mit frischen Kräutern

Für 4 Personen 25 Minuten plus 20–30 Minuten Einweichen und einige Minuten Kochen

200 g Reisnudeln (rund oder eckig)
100 g Sojasprossen, 2–3 EL Sojaöl
3–4 Stängel Schnittknoblauch (siehe Tipp Seite 121), 1 Bund Koriander, 1 rote Chilischote,
1 Knoblauchzehe, 2 EL Fischsauce, 2 EL Sojasauce, 2 EL Sesamöl

Die Reisnudeln 20–30 Minuten in kaltem Wasser einweichen. Dann in reichlich kochendem Wasser unter Rühren nach Packungsanweisung gar kochen. Durch ein Sieb abseihen, mit kaltem Wasser abschrecken und abtropfen lassen.

Die Sojasprossen waschen und in einem Sieb gut abtropfen lassen. In einer weiten Pfanne das Öl erhitzen und die Sojasprossen kurz darin braten. Vom Herd nehmen und abkühlen lassen.

Den Schnittknoblauch und den Koriander waschen und trocken schütteln. Den Schnittknoblauch in kleine Stücke schneiden und den Koriander hacken; ein wenig für die Garnitur beiseitelegen. Die Chilischote waschen, halbieren, von Samen und Scheidewänden befreien und in kleine Stücke schneiden. Den Knoblauch abziehen und fein hacken.

Fischsauce, Sojasauce, Sesamöl und 2–3 Esslöffel Wasser verrühren. Chilischote und Knoblauch hinzufügen. Das Dressing mit Reisnudeln, Sojasprossen, Schnittknoblauch und Koriander mischen. Die Reisnudeln kühl stellen und etwas durchziehen lassen. Mit den restlichen Kräutern bestreut servieren.

Yams mit Dinkelstreusel

Für 4 Personen

30 Minuten plus 30 Minuten Backen, 30 Minuten Kochen und einige Minuten Grillen

40 g weiche Butter, 10 g Zucker, 80 g Dinkelvollkornmehl,
1 Msp. Kreuzkümmel, Salz, 40 ml Milch
2 Yamswurzeln (à etwa 600 g), ersatzweise Knollensellerie
1 Knoblauchzehe, 2 Eigelb, 2 TL mittelscharfer Senf, 2 Msp. Currypulver, 8 EL Olivenöl

Den Backofen auf 165 °C Ober-/Unterhitze vorheizen. In einer Schüssel Butter und Zucker verrühren. Dinkelmehl, Kreuzkümmel, Salz und Milch hinzufügen und zu einem festen Teig verkneten. Den Teig auf Backpapier ausrollen und mit dem Backpapier auf ein Backblech legen. Im Backofen auf der mittleren Schiene etwa 30 Minuten backen. Herausnehmen und abkühlen lassen, dann mit der Teigrolle zerkrümeln.

Die Yamswurzeln gründlich waschen und in der Schale in etwa 30 Minuten weich kochen. Danach schälen und in Scheiben schneiden.

Den Knoblauch abziehen und zerdrücken. In einer Schüssel das Eigelb mit Senf, Salz, Curry, Knoblauch und Olivenöl aufschlagen. Die Dinkelstreusel unterziehen.

Den Backofengrill auf mittlere Stufe vorheizen. Die Yamsscheiben auf ein Backblech legen und die Dinkelstreuselmasse darauf verteilen. Überbacken, bis die Streusel goldgelb sind.

Olivenreis auf algerische Art

Für 4 Personen

25 Minuten plus 40 Minuten Garen

je 1 rote und grüne Paprikaschote, 1 kleine Aubergine, 4 Frühlingszwiebeln,
je 100 g grüne und schwarze Oliven, entsteint
6 EL Olivenöl, 350 g Langkornreis, 750 ml Gemüsefond, Salz,
frisch gemahlener Pfeffer, ½ TL Cayennepfeffer, 2 Msp. Kreuzkümmel
1 Bund Koriander

Das Gemüse waschen. Die Paprikaschoten halbieren, von Samen und Scheidewänden befreien und würfeln. Die Aubergine ebenfalls würfeln, die Frühlingszwiebeln in Ringe schneiden. Die Oliven in Scheiben schneiden.

Den Backofen auf 180 °C Ober-/Unterhitze vorheizen. In einem feuerfesten Topf das Olivenöl erhitzen. Die Paprika- und Auberginenstücke darin anbraten. Die Frühlingszwiebeln hinzufügen. In einem Sieb den Reis unter fließendem kaltem Wasser abbrausen, dann zusammen mit den Oliven hineinrühren. Mit dem Gemüsefond ablöschen und mit Salz, Pfeffer, Cayennepfeffer und Kreuzkümmel würzen.

Den Olivenreis abgedeckt etwa 40 Minuten im Backofen garen. Inzwischen den Koriander waschen, trocken schütteln und die Blätter hacken. Unter den fertig gegarten Reis mischen und zum Servieren in eine vorgewärmte Schüssel füllen.

Reis-Korn-Vielfalt mit Tofu in Currysauce

Für 4 Personen

40 Minuten plus 15–20 Minuten Kochen

150 g Reis-Korn-Vielfalt (siehe Tipp Seite 204), Salz
1 Stange Lauch, 1 Knoblauchzehe, 1 kleine, milde rote Chilischote,
2 Zweige Minze, 500 g Tofu
3 EL Sojaöl, 20 g Butter, etwa 1 EL Currypulver (je nach Schärfe), 1 EL Mehl,
300 ml Gemüsefond, 200 ml Sahne, frisch gemahlener weißer Pfeffer
2 EL Mangochutney (Fertigprodukt)

In einem Topf 300 ml Wasser zum Kochen bringen. In einem Sieb die Reismischung unter fließendem kaltem Wasser abbrausen, dann einstreuen. Das Reiswasser leicht salzen, alles einmal durchheben und ohne weiteres Umrühren bei niedriger Temperatur 15–20 Minuten bzw. nach Packungsangabe garen.

Den Lauch waschen und in dünne Ringe schneiden. Den Knoblauch abziehen und zerdrücken. Die Chilischote halbieren, von Samen und Scheidewänden befreien und fein hacken. Die Minze waschen und trocken schütteln. Einige Blätter für die Garnitur beiseitestellen, die restlichen Blätter hacken. Den Tofu in große Würfel schneiden.

In einem weiten Topf das Sojaöl erhitzen. Die Butter hinzufügen. Den Lauch darin einige Minuten anbraten. Das Currypulver darüberstreuen. Chilischote und Knoblauch hinzufügen. Mit Mehl bestauben, kurz durchschwitzen lassen und mit Gemüsefond und Sahne ablöschen. Anschließend 6 Minuten bei niedriger Temperatur kochen lassen. Mit Salz und Pfeffer würzen.

Das Mangochutney einrühren, den Tofu einlegen und erhitzen. Die gehackte Minze unterrühren. Die Reis-Korn-Vielfalt mit Tofu und Currysauce anrichten und mit Minzblättern garnieren.

Gemüse-Coca

Für 4 Personen

50 Minuten plus 50 Minuten Gehen und 40 Minuten Backen

Für den Teig

je 1 Zweig Salbei, Thymian und Majoran, 4 EL Olivenöl, Salz
375 g Weizenmehl, 25 g Hefe, ½ TL Honig, 1 Eigelb, Mehl zum Bestauben

Für den Belag

je 1 rote, gelbe und grüne Paprikaschote, je 1 grüne und gelbe Zucchini,
2 mittelgroße weiße Zwiebeln, 1–2 Knoblauchzehen, 175 g Mini-Strauchtomaten
1 EL Mehl, 1½ EL Olivenöl, je 1–2 Zweige Rosmarin und Thymian, frisch gemahlene grobe Pfeffermischung, 1½ TL geräuchertes Paprikapulver, Chiliöl (nach Belieben)

Die Kräuter waschen, trocken schütteln und die Blätter von den Stielen zupfen. In einer Pfanne 2 EL Olivenöl erhitzen und die Kräuter darin leicht anschwitzen und salzen.

Das Mehl in eine Schüssel sieben. In die Mitte eine Vertiefung drücken. In einer kleinen Schüssel die zerbröckelte Hefe mit dem Honig und 150 ml warmem Wasser verrühren und in die Mehlgrube gießen. Das restliche Olivenöl (2 EL) und die angeschwitzten Kräuter auf dem Mehlrand verteilen, das Eigelb hinzufügen. Alle Zutaten zu einem glatten Teig verkneten. Zu einer Kugel formen, mit Mehl bestauben und an einem warmen, zugluftfreien Ort etwa 50 Minuten gehen lassen.

Die Paprikaschoten waschen, halbieren, von Samen und Scheidewänden befreien und mit der Hautseite nach oben auf ein Backblech legen. Unter dem vorgeheizten Backofengrill etwa 8 Minuten rösten, bis die Haut dunkel wird und Blasen wirft. Herausnehmen, 6–8 Minuten unter ein feuchtes Tuch legen, dann enthäuten und feinstreifig schneiden. Die Zucchini waschen und ungeschält in dünne Scheiben schneiden. Die Zwiebeln und den Knoblauch abziehen, beides fein hacken. Die Mini-Strauchtomaten waschen.

Den Backofen auf 200 °C Ober-/Unterhitze vorheizen. Das Backblech mit Backpapier belegen. Die Arbeitsfläche mit dem Mehl bestauben, den Teig darauf ausrollen und dann auf das Backblech legen. Mit Olivenöl bestreichen und mit dem Gemüse und den Kräutern belegen. Mit Salz, Pfeffer und Paprikapulver würzen. Im Backofen auf der mittleren Schiene etwa 40 Minuten backen. Danach nach Belieben mit Chiliöl beträufeln.

Vollkorn-Kamut-Pizza

Für 4 Personen 40 Minuten plus 45–50 Minuten Gehen und 25–30 Minuten Backen

200 g Kamutmehl, 200 g Weizenvollkornmehl, 30 g Hefe, 1 TL Zucker, 4 EL Öl
750 g Tomaten, 4 grüne Peperoni, 250 g Mozzarella
3 EL Pflanzenöl, 60 g Hartkäse (Emmentaler oder Gouda), gerieben,
2 EL Kapern (aus dem Glas), Salz, frisch gemahlener Pfeffer, 2 TL getrockneter Oregano

Kamutmehl und Weizenmehl in einer Schüssel mischen. In die Mitte eine Vertiefung drücken. Die Hefe hineinbröckeln, mit Zucker, 100 ml lauwarmem Wasser und etwas Mehl vom Rand verrühren und den Vorteig abgedeckt an einem warmen, zugluftfreien Ort 15–20 Minuten gehen lassen (oder die Schüssel in den auf 50 °C vorgeheizten Backofen stellen, dabei die Tür einen Spalt offen lassen). Dann nochmals 100 ml lauwarmes Wasser und das Öl hinzufügen. Den Teig gut durchkneten, mit Mehl bestauben und weitere 30 Minuten gehen lassen, bis sich sein Volumen verdoppelt hat.

Inzwischen den Belag vorbereiten. Die Tomaten kurz in kochendes Wasser tauchen, häuten, vom Stielansatz befreien und in Scheiben schneiden. Die Peperoni waschen, von Samen und Scheidewänden befreien und in Ringe oder Streifen schneiden. Den Mozzarella in Scheiben schneiden.

Den Backofen auf 200 °C Ober-/Unterhitze vorheizen. Das Backblech mit der Hälfte des Öls fetten. Den Teig gut durchkneten, dünn ausrollen und auf das Backblech legen. Mit dem restlichen Öl bestreichen und mit dem geriebenen Käse bestreuen. Mit Tomatenscheiben, Peperoni, Mozzarella und Kapern belegen. Mit Salz, Pfeffer und Oregano würzen. Die Pizza im Backofen auf der mittleren Schiene 25–30 Minuten backen.

TIPP: Besonders knusprig wird der Boden, wenn man die Pizza kurz vor Garende herausnimmt, etwas abkühlen lässt und dann weitere 6–7 Minuten bäckt.

Gemüseplatte mit Reis-Timbale und Sauce Mousseline

Für 4–6 Personen

55–60 Minuten plus 55–70 Minuten Kochen

Für die Gemüseplatte

1 Stange Lauch, 1 kleiner Kohlrabi, 3 Karotten, ½ Blumenkohl, 1 kleiner Romanesco
Salz, 1 TL Zucker, 25 g Butter, frisch gemahlener weißer Pfeffer, 250 ml Milch,
1 Msp. Muskatblüte

Für die Reis-Timbale

1–2 Schalotten, 250 g Langkorn-Naturreis, 1 EL Öl, ½ EL Butter, Butter für die Förmchen

Für die Sauce Mousseline

160 g Butter, 1 Schalotte, je 1 EL gehackter Estragon und Petersilie,
5 weiße Pfefferkörner, 2 EL Weißweinessig, 100 ml trockener Weißwein, 2 Eigelb,
200 ml Sahne, Cayennepfeffer, 1 TL frischer Zitronensaft

Das Gemüse waschen. Den Lauch längs halbieren und in 8 cm lange Stücke teilen. Den Kohlrabi schälen und in Stifte schneiden. Die Karotten schaben und in Scheiben oder Stifte schneiden. Den Blumenkohl und Romanesco in Röschen teilen.

Das Gemüse in separaten Töpfen bissfest kochen. Den Lauch in 400 ml kochendem Salzwasser abgedeckt etwa 10 Minuten garen. Den Kohlrabi in 300 ml kochendem Salzwasser abgedeckt etwa 15 Minuten garen. Die Karotten in 150 ml kochendes Wasser geben, Salz und Zucker hinzufügen und etwa 15 Minuten garen. Kurz vor Ende der Garzeit Butter und Pfeffer dazugeben. Für den Blumenkohl 250 ml Wasser und die Milch zum Kochen bringen, Salz und Muskatblüte (Macis) hinzufügen und den Blumenkohl darin etwa 15 Minuten garen. Den Romanesco in 300 ml kochendem Salzwasser etwa 15 Minuten garen. Alle Gemüsesorten aus ihrer Kochflüssigkeit heben und getrennt warm stellen. Die Kochflüssigkeiten mischen und 500 ml abmessen.

Für die Reis-Timbale die Schalotte abziehen und würfeln. In einem Sieb den Reis unter fließendem kaltem Wasser abbrausen. Das Öl erhitzen, die Butter hinzufügen. Schalotte und Reis darin glasig anschwitzen. Mit dem Gemüsefond ablöschen und salzen. Nach dem Aufkochen einmal durchrühren und abgedeckt ohne Umrühren 30–40 Minuten bei niedriger Temperatur köcheln lassen, bis der Reis gar, aber noch bissfest ist und die Flüssigkeit verdampft ist. Vier tassengroße Förmchen mit der Butter fetten, den Reis hineindrücken und auf vier Teller stürzen. Warm stellen.

Für die Sauce die Butter zerlassen und klären. Die Schalotte abziehen und würfeln. In einem Topf Schalotte, Estragon, Petersilie, Pfefferkörner, Weißweinessig und Weißwein aufkochen und stark reduzieren. Die Sauce durch ein feines Sieb in eine Metallschüssel passieren. Die Schüssel auf ein heißes Wasserbad setzen und das Eigelb unterschlagen, bis die Sauce cremig ist. Vom Wasserbad nehmen und die geklärte Butter zunächst tropfenweise, dann in dünnem Strahl hinzufügen und unterschlagen. Die Sahne steif schlagen und unterziehen. Mit Salz, weißem Pfeffer, Cayennepfeffer und Zitronensaft abschmecken.

Das Gemüse neben den Reis-Timbale anrichten und die Sauce Mousseline getrennt dazu reichen.

Reis-Korn-Vielfalt mit Zuckerschoten und Flammkäse

Für 4 Personen 45 Minuten plus 18 Minuten Kochen

450 ml Gemüsefond, 200 g Reis-Korn-Vielfalt (siehe Tipp), 1 EL Kürbiskernöl
1 Schalotte, 25 g Butter, 1 TL Mehl, 125 ml trockener Weißwein, 200 ml Sahne,
2 EL Crème fraîche, Salz, frisch gemahlener weißer Pfeffer
150 g Zuckerschoten, 20 g Butter, 2 EL Olivenöl, 250 g Flammkäse,
12 Dattel- oder Mini-Strauchtomaten

In einem Topf den Gemüsefond zum Kochen bringen. In einem Sieb die Reismischung unter fließendem kaltem Wasser abbrausen, dann einstreuen, einmal durchheben und abgedeckt bei niedriger Temperatur 18 Minuten kochen. Vom Herd nehmen und das Kürbiskernöl untermischen.

Die Schalotte abziehen und fein hacken. In einem Topf die Butter zerlassen und die Schalotte darin anbraten. Mit dem Mehl bestauben, durchschwitzen lassen und mit Weißwein und Sahne ablöschen. Die Sauce bei niedriger Temperatur etwas einkochen lassen. Crème fraîche hinzufügen, salzen und pfeffern.

Die Zuckerschoten waschen, bei Bedarf kleine Fäden abziehen, 1 Minute blanchieren und abschrecken. In einer Pfanne die Butter zerlassen und die Zuckerschoten darin kurz erwärmen; sie sollen noch Biss haben. In einer weiteren Pfanne das Öl erhitzen und den Flammkäse in vier Portionen teilen und braten. Die gewaschenen und halbierten Tomaten ebenfalls kurz darin braten.

Die Sauce aufmixen und mit der Reis-Korn-Vielfalt, den Zuckerschoten, den Tomaten und dem Flammkäse anrichten.

TIPP: Reis-Korn-Vielfalt ist eine Mischung aus Reis, Wildreis, Weizen, Hafer, Gerste und Buchweizen, die im Reformhaus oder Bioladen erhältlich ist.

Blumenkohl-Brokkoli-Auflauf mit Quinoa und Mornay-Sauce

Für 4 Personen

35 Minuten plus 40 Minuten Kochen und Quellen und 25 Minuten Backen

½ Blumenkohl, 400 g Brokkoli, Salz, frisch geriebene Muskatnuss
150 g Quinoa, Butter für die Form

Für die Mornay-Sauce
40 g Butter, 25 g Mehl, 300 ml Milch, frisch gemahlener weißer Pfeffer, 2 Eier, 70 g Parmesan, frisch gerieben

Blumenkohl und Brokkoli waschen und in Röschen teilen. In zwei Töpfen je etwa 500 ml Wasser zum Kochen bringen und salzen. Die Blumenkohl- und Brokkoliröschen getrennt hineingeben. Jeweils mit Muskatnuss würzen und in etwa 15 Minuten bissfest kochen. Das Gemüse durch ein Sieb abseihen, die Kochflüssigkeit auffangen, mischen und 400 ml abmessen.

In einem Sieb das Quinoa unter fließendem heißem Wasser abbrausen. Die Kochflüssigkeit von Blumenkohl und Brokkoli aufkochen lassen und das Quinoa einstreuen, einmal durchheben und abgedeckt bei geringer Temperatur 20 Minuten kochen und 5 Minuten ausquellen lassen. Inzwischen den Backofen auf 180 °C Ober-/Unterhitze vorheizen. Eine Auflaufform mit Butter fetten.

Für die Mornay-Sauce die Butter erhitzen, das Mehl einstreuen und goldgelb anschwitzen. Die Milch unter Rühren dazugeben. Einige Minuten kochen lassen, salzen und pfeffern, dann etwas abkühlen lassen. Die Eier trennen. Eigelb und Parmesan in die Sauce rühren. Das Eiweiß zu Schnee schlagen und unterheben.

Zuerst das Quinoa in die Auflaufform geben, dann die Blumenkohl- und Brokkoliröschen darauf verteilen und mit der Mornay-Sauce bedecken. Etwa 25 Minuten im Backofen überbacken.

Gebratene Auberginen mit Tomaten-Concassé und Quinoakeimen

Für 4 Personen 35 Minuten plus 24 Stunden Keimen

30 g Quinoa

Für das Tomaten-Concassé
750 g Tomaten, 2 Schalotten, 1 Knoblauchzehe, 1 Zweig Basilikum
3 EL Olivenöl, Salz, frisch gemahlener Pfeffer, edelsüßes Paprikapulver (nach Belieben)

Für die Auberginen
80 g Kamutmehl, 2 mittelgroße Auberginen
6 EL Olivenöl, Zitronenpfeffer, 1 unbehandelte Zitrone
einige Basilikumblätter zum Garnieren

In einem Sieb das Quinoa unter fließendem Wasser abbrausen und gut abtropfen lassen (es soll noch feucht, aber nicht mehr nass sein). Das Quinoa im Keimgerät oder Keimglas an einem hellen Standort etwa 24 Stunden keimen lassen. Einige Male durchspülen.

Für das Tomaten-Concassé die Tomaten kurz in kochendes Wasser tauchen, häuten, halbieren und von Kernen und Stielansatz befreien. Das Fruchtfleisch würfeln. Die Schalotten und den Knoblauch abziehen. Die Schalotten fein würfeln, den Knoblauch zerdrücken. Das Basilikum waschen, trocken schütteln und die Blätter hacken.

In einem Topf das Olivenöl erhitzen. Schalotten und Knoblauch darin kurz anschwitzen. Das Tomatenfruchtfleisch hinzufügen und noch 1 Minute unter Rühren mitbraten. Vom Herd nehmen. Mit Salz, Pfeffer und nach Belieben mit Paprikapulver würzen und das Basilikum unterrühren.

Das Kamutmehl auf einen flachen Teller geben. Die Auberginen waschen, der Länge nach in Scheiben schneiden und im Kamutmehl wenden.

In einer Pfanne das Olivenöl erhitzen. Die Auberginenscheiben darin goldgelb braten. Mit Salz und Zitronenpfeffer würzen. Die Zitrone achteln.

Die Auberginenscheiben auf einer Platte anrichten und mit dem Tomaten-Concassé, den Quinoakeimen, den Zitronenachteln und Basilikum garnieren.

Für 4 Personen
75 g schwarzer Piemont-Reis, 75 g roter Camargue-Reis,
75 g weißer Thaibonnet-Reis, Salz
je 4 rote, gelbe und grüne Spitzpaprikaschoten
(makellose und gleichmäßige Früchte), Gemüsefond

Für die Katalanische Nuss-Sauce
20 Haselnusskerne, 3 Knoblauchzehen, 2–3 Zweige Minze, 2 Weißbrotscheiben,
2 EL Weißweinessig, 200 ml Olivenöl, Pfeffer, 1 TL geräuchertes Paprikapulver

45 Minuten plus einige Minuten Kochen und 20 Minuten Garen

Gefüllte Spitzpaprika mit Katalanischer Nuss-Sauce

In einem Sieb die drei Reissorten unter fließendem kaltem Wasser abbrausen, dann nach Packungsanweisung separat in kochendem Salzwasser bissfest kochen. Den Backofen auf 190–200 °C Ober-/Unterhitze vorheizen.

Die Spitzpaprikaschoten waschen, den Stielansatz abschneiden und mit einem spitzen Messer Samen und Scheidewände entfernen. Die Schoten gut ausspülen und trocken tupfen. Den schwarzen Piemont-Reis in die roten Spitzpaprikaschoten füllen, den roten Camargue-Reis in die gelben und den weißen Thaibonnet-Reis in die grünen Schoten füllen. Die Schoten in eine Auflaufform setzen und die Form halbhoch mit Gemüsefond auffüllen. Im Backofen auf der mittleren Schiene etwa 20 Minuten garen.

Für die Katalanische Nuss-Sauce die Haselnusskerne in einer trockenen Pfanne rundum anrösten (sie dürfen nicht zu dunkel werden). Vom Herd nehmen und abkühlen lassen. Die Haut mit einem Tuch abreiben und die Nüsse mahlen. Den Knoblauch abziehen und zerkleinern. Die Minze waschen, trocken schütteln und die Blätter abzupfen. Die Rinde der Weißbrotscheiben entfernen, das weiche Innere mit Essig beträufeln. Haselnüsse, Knoblauch, Minzblätter und eingeweichtes Weißbrot im Mixer pürieren. Das Olivenöl tropfenweise dazugeben. Mit Salz, Pfeffer und Paprikapulver kräftig abschmecken.

Die Spitzpaprikaschoten aus dem Gemüsefond heben und auf einer Platte anrichten. So viel vom Gemüsefond unter die Nuss-Sauce rühren, bis die gewünschte Konsistenz erreicht ist. Die Sauce getrennt zu den Schoten reichen.

Räuchertofu im Reisblatt mit Grünem Reis

Für 4 Personen

40 Minuten

1 dicke Stange Lauch, 2 EL Sojaöl
400 g Räuchertofu, 12 Reisblätter (22 cm Ø)
150 g Grüner Reis (Aplati, siehe Tipp)
Erdnussöl zum Frittieren
einige Korianderblätter, Sojasauce

Den Lauch waschen und in dünne Ringe schneiden. In einer Pfanne das Sojaöl erhitzen. Den Lauch darin 5–6 Minuten leicht braten. Vom Herd nehmen.

Den Räuchertofu in zwölf gleichmäßige Stücke schneiden. Die Reisblätter nacheinander in heißes Wasser tauchen, herausnehmen und auf einem sauberen Küchentuch ausbreiten. Auf jedes Reisblatt ein Stück Räuchertofu legen und darauf den Lauch häufen. Zu Päckchen verschließen.

In einem Sieb den Reis unter fließendem kaltem Wasser abbrausen, dann über Wasserdampf etwa 3 Minuten garen.

Die Pfanne mit Küchenpapier ausreiben. Reichlich Erdnussöl darin erhitzen und die Reisblatt-Päckchen hineingeben. Diese auf jeder Seite 3–4 Minuten frittieren, dann herausnehmen und auf Küchenpapier entfetten.

Die Reisblatt-Päckchen auf vier Teller setzen und mit Korianderblättern garnieren. Den Reis und Sojasauce dazu reichen.

TIPP: Unreif geerntete Reiskörner, die aus der Rispe gedrückt und anschließend gequetscht werden, ergeben den Grünen Reis aus Thailand (Aplati), dessen leicht grasartiges Aroma äußerst beliebt ist. Für dieses Gericht können jedoch auch andere Reissorten wie Basmatireis oder Jasminreis verwendet werden.

Tofu in Pandanblättern mit Reis-Korn-Vielfalt und Koriandersauce

Für 4 Personen

40 Minuten plus einige Stunden Marinieren, 1–2 Stunden Kühlen, 18 Minuten Kochen und 5–6 Minuten Garen

400 g Bio-Tofu, 4 EL Sojasauce, 1 kleine, milde rote Chilischote, 2 EL Sojaöl
½ Bund Koriander, 1 Knoblauchzehe, Salz, frisch gemahlener Pfeffer,
1–2 Msp. Koriander, 2 EL Sherryessig, 100 ml Sojaöl
150 g Reis-Korn-Vielfalt (siehe Tipp Seite 204)
1 Karotte, 2 El Erdnussöl, 200 g Sojabohnensprossen
12 Pandanblätter

Den Tofu in zwölf gleich große Würfel schneiden, in eine Schüssel legen und mit der Sojasauce beträufeln. Die Chilischote halbieren, von Samen und Scheidewänden befreien, hacken und über den Tofu geben. Das Sojaöl darübergießen und den Tofu abgedeckt einige Stunden marinieren.

Den Koriander waschen, trocken schütteln und die Blätter hacken. Den Knoblauch abziehen, zerdrücken und in einer Schüssel mit Salz, Pfeffer und gemahlenem Koriander würzen.
Mit Sherryessig und Sojaöl mischen. Den gehackten Koriander unterrühren. Die Koriandersauce 1–2 Stunden abgedeckt kühl stellen.

Inzwischen in einem Topf 400 ml Wasser zum Kochen bringen. In einem Sieb die Reismischung unter fließendem kaltem Wasser abbrausen, dann einstreuen und abgedeckt etwa 18 Minuten kochen. Die Flüssigkeit sollte verdampft sein, andernfalls abgießen.

Die Karotte schaben und in hauchdünne Stifte schneiden. In einer Pfanne das Erdnussöl erhitzen. Die Karotte einige Minuten braten, dann die Sojabohnensprossen hineingeben und 2–3 Minuten unter Rühren leicht weiterbraten. Mit der Reis-Korn-Vielfalt vermischen.

Die Tofuwürfel aus der Marinade nehmen und in Pandanblätter (Duftpalme) wickeln. Mit Zahnstochern fixieren. Einen Topf mit Dampfeinsatz mit etwas Wasser füllen, die Pandanpäckchen in den Dampfeinsatz geben und 5–6 Minuten über Dampf garen.

Die Reis-Korn-Vielfalt auf einer Platte anrichten, die Tofu-Pandan-Päckchen darauflegen und die Koriandersauce getrennt dazu reichen.

Selleriescheiben unter der Quinoahaube

Für 4 Personen 15 Minuten plus 50 Minuten Kochen und 10 Minuten Grillen

1 Sellerieknolle (etwa 800 g), Salz, 1 TL Essig
60 g Quinoa, gekocht, 2 Eier, 100 g Ricotta, frisch gemahlener weißer Pfeffer
2–3 EL Sesamkörner

Die Sellerieknolle gründlich abbürsten, in einen Topf geben und mit Wasser bedecken. Nach dem Aufkochen Salz und Essig hinzufügen. Etwa 50 Minuten kochen lassen, bis die Knolle weich ist, dann schälen und in Scheiben schneiden.

In einer Schüssel Quinoa, Eier und Ricotta verrühren. Mit Salz und Pfeffer würzen.

Den Backofengrill auf mittlere Stufe vorheizen. Die Selleriescheiben auf ein Backblech legen, mit der Quinoamasse bestreichen und mit Sesamkörnern bestreuen. Etwa 10 Minuten unter den Grill geben.

TIPP: Dazu passen Ebly oder Kartoffelpüree.

Mairübchen mit Gerstengraupen

Für 4 Personen 45 Minuten plus 30 Minuten Kochen

5 Mairübchen, 1 Karotte, 1 Zwiebel
60 g Butter
2 EL Öl, 150 g Gerstengraupen, etwa 600 ml Gemüsefond, 200 ml feinherber Weißwein, Salz, frisch gemahlener weißer Pfeffer
75 g Parmesan oder Pecorino (nach Belieben)

Die Mairübchen waschen, dünn schälen, das zarte Grün nicht abtrennen und schöne Blätter aufbewahren. Die Rübchen in Scheiben schneiden, ebenso die zarten Stiele. Die Karotte waschen, schaben und in Stifte schneiden. Die Zwiebel abziehen und fein hacken.

In einem weiten Topf die Hälfte der Butter erhitzen und die Mairübchen darin anbraten. Mit wenig Wasser ablöschen und 8–10 Minuten köcheln lassen, bis sie bissfest sind. Die Blätter der Mairübchen kurz blanchieren und abschrecken. Die Hälfte der Mairübchen pürieren.

In einem Topf das Öl erhitzen und die restliche Butter (30 g) hinzufügen. Die Zwiebel darin anschwitzen. Die Karotte dazugeben und kurz mitbraten. Die Graupen hineingeben, durchschwenken und mit etwas Fond und dem Wein ablöschen. Unter häufigem Rühren 15 Minuten bei niedriger Temperatur kochen. Die pürierten Mairübchen dazugeben und weitere 15 Minuten kochen. Bei Bedarf noch Fond nachgießen. Mit Salz und Pfeffer würzen. Etwa 5 Minuten vor Ende der Garzeit die restlichen Mairübchen und Blätter hinzufügen.

Zum Servieren nach Belieben mit gehobeltem Parmesan oder Pecorino bestreuen.

Hirsotto

Für 4 Personen

30 Minuten plus 25 Minuten Kochen und Quellen

1 Zwiebel, 1 Knoblauchzehe, 1 Stange Lauch, 1 Frühlingszwiebel, 2 Karotten,
200–250 g Shiitake, ersatzweise andere Pilze, einige Zweige Koriander
4 EL Sojaöl, 20 g Butter, 160 g Hirse, etwa 400 ml Gemüsefond, Kräutersalz,
frisch gemahlener Pfeffer, 1 EL Tamari
3 EL Crème fraîche

Die Zwiebel und den Knoblauch abziehen. Die Zwiebel fein hacken, den Knoblauch zerdrücken. Das Gemüse waschen. Den Lauch und die Frühlingszwiebel getrennt in dünne Ringe, die Karotten in Stifte oder Scheiben schneiden. Die Pilze putzen und die Hüte in feine Scheiben schneiden. Den Koriander waschen, trocken schütteln und hacken. Einige Zweige zum Garnieren beiseitestellen.

In einem Topf das Öl erhitzen. Die Butter hinzufügen. Zwiebel und Karotten darin anbraten. Lauch, Frühlingszwiebel und Knoblauch dazugeben und mitbraten. Nach einigen Minuten die Hirse hinzufügen, unterrühren und mit dem Fond ablöschen. Mit Kräutersalz, Pfeffer und Tamari (japanische Sojasauce) würzen, dann 20 Minuten unter gelegentlichem Rühren köcheln lassen.

Etwa 10 Minuten vor Ende der Garzeit die Pilze dazugeben und bei Bedarf noch Fond nachgießen. Kurz vor Ende der Garzeit Crème fraîche und Koriander unterrühren. Den Hirsotto vom Herd nehmen und 5 Minuten ausquellen lassen. Mit Koriander garniert servieren.

TIPP: Die aromatischen Shiitake (Baumpilze) werden frisch oder getrocknet angeboten. Sie passen gut zu Getreideprodukten und bringen viele gesunde Inhaltsstoffe mit sich. Die Stiele sind jedoch ungenießbar.

Steinpilz-Risotto

Für 4 Personen 45 Minuten plus 30 Minuten Einweichen

25 g getrocknete Steinpilze, 250 g frische Steinpilze, 1 Zwiebel
6 EL Olivenöl, 60 g Butter, 375 g Reis (Vialone oder Arborio), 2 Lorbeerblätter,
200 ml trockener Weißwein, etwa 800 ml Gemüsefond, Salz,
frisch gemahlener Pfeffer, 100 g Parmesan, frisch gerieben

Die getrockneten Steinpilze 30 Minuten in lauwarmem Wasser einweichen. Die frischen Steinpilze putzen und in Stücke schneiden. Die Zwiebel abziehen und fein würfeln.

In einem weiten Topf 3 EL Olivenöl erhitzen. Die Hälfte der Butter hinzufügen. Die Zwiebel darin glasig anschwitzen. In einem Sieb den Reis unter fließendem kaltem Wasser abbrausen, dann dazugeben und unter ständigem Rühren ebenfalls leicht glasig werden lassen. Die eingeweichten Steinpilze samt Einweichwasser hinzufügen. Die Lorbeerblätter einlegen. Sobald die Flüssigkeit verdampft ist, mit dem Weißwein ablöschen. Anschließend etwas Fond angießen. Wenn dieser verdampft ist, nach und nach den restlichen Fond hinzufügen. Mit Salz und Pfeffer würzen. Die restliche Butter (30 g) und die Hälfte des Parmesans unterrühren. Vom Herd nehmen.

In einer Pfanne das restliche Olivenöl (3 EL) erhitzen und die frischen Steinpilze einige Minuten scharf braten. Über den Risotto geben. Den restlichen Parmesan (50 g) separat dazu reichen.

Bärlauch-Risotto

Für 4 Personen 15 Minuten plus 20 Minuten Kochen

1–2 Zwiebeln, 1 Bund Bärlauch
5–6 EL Olivenöl, 380 g Risottoreis (Vialone, Arborio, Razza), 75 g Macadamianüsse, gehackt,
400 ml trockener Sekt, 650–700 ml Gemüsefond, Salz, frisch gemahlener Pfeffer
60 g Butter, 1 TL rosa Pfefferbeeren

Die Zwiebel abziehen und fein würfeln. Den Bärlauch waschen, trocken schütteln und hacken.

In einem weiten Topf das Olivenöl erhitzen. Die Zwiebel darin anbraten. In einem Sieb den Reis unter fließendem kaltem Wasser abbrausen, dann hinzufügen und glasig werden lassen. Anschließend unter ständigem Rühren die Macadamianüsse hineingeben und mit dem Sekt ablöschen. Nach und nach den Gemüsefond angießen, dabei immer wieder rühren. Mit Salz und Pfeffer abschmecken.

Den Reis in insgesamt etwa 20 Minuten gar kochen. Vom Herd nehmen, Butter und Bärlauch unterrühren. Mit den rosa Pfefferbeeren bestreut servieren.

TIPP: Frischer Bärlauch wird im Frühling in Gemüseläden und auf Märkten angeboten. Das Sammeln des Wildkrauts im Wald sollte Kräuterexperten vorbehalten bleiben, denn Bärlauch kann sehr leicht mit giftigen Maiglöckchen oder Herbstzeitlosen verwechselt werden!

Gemüse vom Blech mit Ebly

Für 4 Personen 25 Minuten plus 45 Minuten Backen und 10 Minuten Kochen

je 1 rote und gelbe Paprikaschote, je 2 grüne und gelbe Zucchini,
350 g Kürbisfruchtfleisch, vorzugsweise Muscade de Provence oder Hokkaido,
2 Tomaten, 200 g Champignons, 1 rote Zwiebel, 2–3 Zweige Oregano
Butter für das Blech, Salz, frisch gemahlener Pfeffer, 2 TL Kräuter der Provence,
3–4 EL Olivenöl
200–225 g Ebly

Den Backofen auf 185 °C Ober-/Unterhitze vorheizen. Das Gemüse waschen. Die Paprikaschoten halbieren, von Samen und Scheidewänden befreien und feinstreifig schneiden. Die Zucchini ungeschält in Scheiben teilen und das Kürbisfruchtfleisch würfeln. Die Tomaten vom Stielansatz befreien und wie die Champignons in Scheiben schneiden. Die Zwiebel abziehen, halbieren und in Halbringe schneiden. Den Oregano waschen, trocken schütteln, die Blätter abzupfen und beiseitestellen.

Die Fettpfanne des Backofens mit der Butter fetten. Das Gemüse darauf verteilen. Mit Salz, Pfeffer und Kräutern der Provence würzen. Mit Olivenöl beträufeln und im Backofen auf der mittleren Schiene etwa 45 Minuten backen.

In einem Topf 900 ml Wasser zum Kochen bringen, Ebly einstreuen und 10 Minuten kochen. Das Wasser sollte verkocht sein, andernfalls abgießen.

Das Gemüse mit dem frischen Oregano bestreuen und mit Ebly anrichten.

TIPP: Ebly und auch Weizli sind Markennamen für bereits vorbehandelte Hartweizenkörner.

Für 6–8 Personen
1 kg Tomaten, 1 Gemüsezwiebel, 1 Knoblauchzehe, 1 rote Paprikaschote
4 EL Olivenöl, 3 EL Tomatenmark, Salz, frisch gemahlener Pfeffer, 1 TL Zucker,
1 EL Rotweinessig, ½ TL edelsüßes Paprikapulver, 2 Msp. Cayennepfeffer
12 Blatt weiße Gelatine
6–8 frische Bärlauchblätter, 400 g Frischkäse, 1 TL getrocknete Kräutermischung
(z. B. Gundelrebe, Brennnessel, Bärlauch, Schabzigerklee, Beifuß), 6 EL Sahne

Für den Salat
frische, zarte Wiesenkräuter (z. B. Brennnesselblätter, Spitzwegerich, Wiesenkerbel, Pimpernelle, Gänseblümchen), 80 g Roggensprossen, etwa 1 EL Apfelessig, 4 TL Weizenkeimöl

55–60 Minuten plus 30 Minuten Kochen, 5 Minuten Einweichen und 12 Stunden Kühlen

Tomaten-Frischkäse-Terrine mit Roggensprossen und Wiesenkräutern

Die Tomaten kurz in kochendes Wasser tauchen, häuten, vom Stielansatz befreien und in Stücke schneiden. Die Gemüsezwiebel und den Knoblauch abziehen. Die Zwiebel würfeln, den Knoblauch zerdrücken. Die Paprikaschote halbieren, von Samen und Scheidewänden befreien und in Stücke schneiden.

In einem Topf das Olivenöl erhitzen und die Gemüsezwiebel darin anbraten. Nach einigen Minuten die Paprikaschote und den Knoblauch dazugeben, nach weiteren 5 Minuten die Tomaten und das Tomatenmark. Mit Salz, Pfeffer, Zucker, Rotweinessig, Paprikapulver und Cayennepfeffer kräftig würzen. Etwa 30 Minuten bei niedriger Temperatur kochen, etwas abkühlen lassen, dann im Mixer pürieren.

Sieben Gelatineblätter in eine Schüssel geben, fünf Gelatineblätter in eine zweite Schüssel und in kaltem Wasser etwa 5 Minuten einweichen.

Die sieben Gelatineblätter ausdrücken und in der warmen Tomatenmasse auflösen. Gut abschmecken und in den Kühlschrank stellen. Den Bärlauch waschen, trocken schütteln und hacken. Frischkäse, Bärlauch und die getrockneten Kräuter verrühren. Mit Salz und Pfeffer gut abschmecken. Die fünf Gelatineblätter ausdrücken, in der Sahne auflösen und mit der Frischkäsemasse vermengen. Ebenfalls kühl stellen.

Eine Terrinenform von etwa 1,2 l Inhalt mit Klarsichtfolie auslegen. Sobald die Tomatenmasse zu gelieren beginnt, gut durchrühren und die Hälfte davon in die Form füllen. Die Frischkäsemasse darüber verteilen und mit der restlichen Tomatenmasse bedecken. Die Terrine mit Folie verschließen und über Nacht im Kühlschrank fest werden lassen.

Die Terrine in Scheiben schneiden und je eine Scheibe auf einen Servierteller legen. Die Wiesenkräuter verlesen, waschen und trocken schütteln. Zusammen mit den Roggensprossen auf den Tellern anrichten. Salzen, pfeffern, mit Apfelessig und Weizenkeimöl beträufeln.

Wilder Spargel mit Roggen-Nocken

Für 4 Personen 40 Minuten plus 15–20 Minuten Kochen

Für die Roggen-Nocken
100 g Roggen, 25 g Butter, 100 g Quark, 2 Eier, etwa 4 EL Weizengrieß, einige Safranfäden, Salz

Für den Wildspargel
800 g Wildspargel, ersatzweise grüner zarter Spargel, 1 TL Zucker, 1 TL Butter

Für die Sauce
30 g weiche Butter, 25 g Mehl, 1–2 Eigelb (von frischen Bio-Eiern), 4 EL Sahne, 40 g Hartkäse (Emmentaler oder Gouda), frisch gerieben, frisch gemahlener weißer Pfeffer

Den Roggen fein schroten. In einem Topf die Butter erhitzen und den Roggenschrot darin leicht rösten, bis er duftet. Dann 350 ml Wasser angießen und 5 Minuten unter Rühren köcheln lassen. Vom Herd nehmen und etwas abkühlen lassen. Quark, Eier und Grieß unterrühren. Den Safran zerkrümeln und hinzufügen. Mit Salz würzen.

In einem Topf reichlich Wasser zum Kochen bringen. Aus dem Teig mit zwei Teelöffeln Nocken abstechen und in das Wasser gleiten lassen. Etwa 5 Minuten kochen. Abseihen und warm stellen.

Den Wildspargel waschen, aber nicht schälen. In einem Topf reichlich Wasser zum Kochen bringen. Salz, Zucker und Butter hinzufügen. Den Spargel kurz darin bissfest garen. Herausheben und warm stellen, die Kochflüssigkeit aufbewahren.

Für die Sauce die Butter und das Mehl verkneten. Etwa 400 ml Spargel-Kochwasser abmessen, zum Kochen bringen, die Mehlbutter hinzufügen und 5 Minuten unter Rühren kochen lassen. Vom Herd nehmen. Eigelb, Sahne und Käse verrühren und unter die Sauce ziehen. Mit Salz und Pfeffer würzen.

Die Roggen-Nocken mit dem Wildspargel anrichten. Die Sauce getrennt dazu reichen.

DAS BESTE ZUM SCHLUSS

Desserts

Nichts ist verführerischer als ein körniges Dessert. Wer's glaubt, wird glücklich, denn bei Milchreis ist hier noch lange nicht Schluss. Wie köstlich sich Amarant mit seinem leicht süßem Aroma in so manchem Dessert macht und ihm eine ganz besondere Note verleiht oder wie Canihua einem Eis erst den richtigen Schliff gibt, möchte man erst glauben, wenn man sich alles auf der Zunge hat zergehen lassen. So schaffen Getreide und Korn auch einen königlichen-raffinierten Abschluss für so manches Menü und machen den Genuss unvergesslich.

Amarant-Parfait mit Granatapfelkernen

Für 4 Personen 20 Minuten plus 35 Minuten Kochen und Quellen und 2 Stunden Kühlen

50 g Amarant, 1 kleines Stück Vanilleschote, 200 ml Milch,
1 Stück unbehandelte Limettenschale, 1 Msp. Salz
3 frische Eigelb (von Bio-Eiern), 3 EL Roh-Rohrzucker, 3 EL Granatapfelsirup,
1 EL frischer Limettensaft, 100 g Mascarpone
1 Granatapfel

In einem Sieb den Amarant unter fließendem heißem Wasser abbrausen. Die Vanilleschote aufschneiden und das Mark herausschaben. Schote und Mark mit der Milch und der Limettenschale zum Kochen bringen. Das Salz hinzufügen und den Amarant hineingeben. Etwa 25 Minuten bei niedriger Temperatur kochen, dann 10 Minuten ausquellen und abkühlen lassen. Limettenschale und Vanilleschote entfernen.

Das Eigelb mit dem Rohrzucker über heißem Wasserdampf cremig aufschlagen. Granatapfelsirup und Limettensaft hinzufügen. Vom Wasserdampf nehmen. Amarant und Mascarpone unterrühren.

Die Masse in vier Soufflèförmchen füllen und für mindestens 2 Stunden in das Tiefkühlfach stellen.

Den Granattapfel halbieren und die Kerne herauslösen. Etwa 10 Minuten vor dem Servieren die Förmchen aus dem Tiefkühlfach nehmen. Kurz in heißes Wasser tauchen und das Parfait auf Dessertteller stürzen. Mit Granatapfelkernen bestreut servieren.

Schokoladenherzen mit Amarant

Für 4 Personen 15 Minuten plus 12 Stunden Kühlen

2 TL Chiliöl, 30 g Pistazien, 100 g dunkle Schokolade (70 % Kakaoanteil),
165 ml Kondensmilch (10 % Fettgehalt), 15 g Butter, 1 Msp. Salz
8 EL gepuffter Amarant, 2 EL getrocknete Cranberries
frische Früchte der Saison, gewaschen und geputzt

Vier kleine Herzförmchen mit Chiliöl fetten. Die Pistazien hacken. Die Schokolade in Stücke brechen und mit Kondensmilch, Butter und Salz in einen Topf geben. Unter Rühren schmelzen lassen.

Die Pistazien und den Amarant hinzufügen und gut unterrühren. Nach 1 Minute die Cranberrys hinzufügen. Vom Herd nehmen und die Schokoladenmasse in die vorbereiteten Förmchen füllen. Im Kühlschrank über Nacht fest werden lassen.

Am nächsten Tag die Schokoladenherzen auf Desserplatten stürzen und mit Früchten der Saison garniert servieren.

Für 4 Personen

30 g Schokolade (70 % Kakaoanteil), 300 ml Milch, 50 g Canihuamehl, 1 EL Kakaopulver, 1 gehäufter EL Palmzucker, 2 EL frisch gebrühter Espresso, 1 Msp. Chilipulver
200 ml Sahne, 1–2 Msp. Vanillemark, ½ TL unbehandelte abgeriebene Orangenschale
Orangenzesten zum Garnieren

20 Minuten plus 2 Stunden Kühlen

Canihua-Creme mit Orange und Chili

Die Schokolade in Stücke brechen und mit 125 ml Milch in einen Topf geben. Bei niedriger Temperatur unter Rühren darin schmelzen lassen. In einer Schüssel Canihuamehl, Kakao und Palmzucker mit der restlichen Milch vermischen und unter Rühren in die kochende Schokoladenmilch geben. Einige Minuten köcheln lassen und vom Herd nehmen. Den Espresso und das Chilipulver unterrühren. Vom Herd nehmen und abkühlen lassen.

Die Hälfte der Sahne mit Vanillemark und Orangenschale steif schlagen und unter die abgekühlte Schokoladenmasse heben. Die Creme in Espressotassen füllen und abgedeckt 2 Stunden kühl stellen.

Die restliche Sahne steif schlagen und je einen Klecks auf die Creme setzen. Mit Orangenzesten garnieren.

Grütze mit Amarant und Brombeeren

Für 4 Personen 10 Minuten plus 35 Minuten Kochen und Quellen

200 g Amarant, 500 ml Apfelsaft, 1 kleine Zimtstange
300 g frische Brombeeren (oder TK-Ware, aufgetaut), 150 ml Sahne, 1–2 EL Vanillezucker

In einem Sieb den Amarant unter fließendem heißem Wasser abbrausen. Dann in einem Topf mit dem Apfelsaft zum Kochen bringen. Die Zimtstange hinzufügen. Bei niedriger Temperatur abgedeckt etwa 30 Minuten kochen und 5 Minuten ausquellen lassen, dann abkühlen lassen. Die Zimtstange entfernen.

Die Brombeeren waschen und trocken tupfen. Vier schöne Früchte zum Garnieren beiseitelegen. Die restlichen Brombeeren unter den Amarant mischen. Die Sahne mit Vanillezucker steif schlagen und unterziehen. Die Grütze auf vier Dessertgläser verteilen und mit je einer Brombeere garnieren.

Safran-Quitten mit Amarant

Für 4 Personen 20 Minuten plus 30 Minuten Kochen

2 Quitten (etwa 400 g), 1 Stück frischer Ingwer (etwa 3 cm), 80 g Amarant
500 ml naturtrüber Apfelsaft, 60–70 g Roh-Rohrzucker, ½ TL Safranfäden
Kokoseis (nach Belieben)

Die Quitten waschen, schälen, halbieren, entkernen und in Stücke schneiden. Den Ingwer schälen und hacken. In einem Sieb den Amarant unter fließendem heißem Wasser abbrausen.

In einem Topf Quitten, Ingwer und Apfelsaft zum Kochen bringen. Amarant und Rohrzucker einstreuen. Abgedeckt bei niedriger Temperatur 30 Minuten kochen, anschließend pürieren. Die Safranfäden zerkrümeln, in 2–3 EL heißem Wasser auflösen und zu den Quitten und dem Amarant geben. Abkühlen lassen.

Die Safran-Quitten mit Amarant in Dessertgläser füllen. Nach Belieben Kokoseis dazu servieren.

Mispeln mit Pumpernickelsauce

Für 4 Personen

10 Minuten plus 10 Minuten Einweichen, 5 Minuten Kochen und 2 Stunden Kühlen

2 Scheiben Pumpernickel, 250 ml Portwein,
200 ml Sahne, etwa 2 EL Akazienhonig
2 Zweige Minze, 500 g Mispeln

Den Pumpernickel etwas zerkleinern, in einen Topf geben und mit dem Portwein übergießen. Das Brot etwa 10 Minuten darin einweichen. Dann die Sahne hinzufügen und die Masse 5 Minuten köcheln lassen. Vom Herd nehmen und mit Akazienhonig abschmecken. Mindestens 2 Stunden kühl stellen.

Die Minze waschen, trocken schütteln und die Blätter abzupfen. Die Mispeln waschen, nach Belieben die Haut abziehen und die Früchte in Scheiben schneiden. Auf Dessertellern anrichten, mit Minzblättchen garnieren und mit der gut gekühlten Sauce servieren.

Canihua mit Erdbeerspießchen

Für 4 Personen

10 Minuten plus 10 Minuten Kochen

50 g Canihua
12 schöne mittelgroße Erdbeeren, gewaschen und geputzt, 8–12 kleine Minzblättchen
200 g fester Joghurt (10 % Fettgehalt), etwa 2 EL Ahornsirup

In einem Topf 175 ml Wasser zum Kochen bringen. Canihua einstreuen, einmal durchheben und ohne weiteres Umrühren abgedeckt 10 Minuten bei niedriger Temperatur kochen. Dann vom Herd nehmen und abkühlen lassen.

Die Erdbeeren abwechselnd mit Minzblättern auf vier kleine Spieße stecken.

Canihua und Joghurt mischen und mit Ahornsirup abschmecken. Die Masse in Dessertgläser füllen und je einen Erdbeerspieß darauflegen.

Schokoladennudeln mit Canihua-Granatapfel-Eis

Für 4 Personen

40 Minuten plus 30–60 Minuten Ruhen, 1–2 Stunden Trocknen
4–5 Minuten Kochen und 20–30 Minuten Gefrieren

Für die Schokoladennudeln
300 g Mehl, 3 frische, zimmerwarme Eier, 2–3 EL Kakaopulver
2–3 EL Puderzucker, 4 TL Olivenöl, 1 Msp. Salz
1 EL Erdnussöl

Für das Eis
50 g Canihuamehl, 8 EL Grenadinesirup, etwa 1 EL frischer Limettensaft
150 ml Sahne, 1 EL Vanillezucker
Kerne von ½–1 Granatapfel

Das Mehl auf die Arbeitsfläche häufen und in die Mitte eine Vertiefung drücken. Die restlichen Zutaten hineingeben und mit einer Gabel von innen nach außen mit dem Mehl vermischen. Den Teig in 10 Minuten glatt und seidig kneten. Sollte er zu fest sein, etwas Öl dazugeben, ist er zu weich, etwas Mehl unterkneten. Die Teigkugel unter einer angewärmten Schüssel ½–1 Stunde ruhen lassen.

Den Teig auf bemehlter Arbeitsfläche 2 mm dick ausrollen und in beliebig breite Streifen schneiden. Diese zum Trocknen auf einem Tuch ausbreiten oder über eine Stange 1–2 Stunden hängen. Sollen die Nudeln länger aufbewahrt werden, sollten sie 1–2 Tage getrocknet werden. In einem Topf reichlich Salzwasser zum Kochen bringen, das Erdnussöl hinzufügen und die Nudeln darin 4–5 Minuten kochen. Dann durch ein Sieb abseihen. Die Nudeln später noch lauwarm zum Eis servieren.

Für das Eis in einem Topf 400 ml Wasser mit Canihua und dem Grenadinesirup zum Kochen bringen. Einige Minuten unter ständigem Rühren kochen. Mit Limettensaft abschmecken und abkühlen lassen.

Die Sahne mit dem Vanillezucker steif schlagen und unterheben. Die Eismasse für 20–30 Minuten in eine Eismaschine füllen oder in einem Gefrierbehälter in das Tiefkühlfach stellen, dann ab und zu durchrühren.

Die Schokoladennudeln auf tiefen Tellern anrichten. Das Eis in der Mitte platzieren und mit Granatapfelkernen bestreut servieren.

Schokoladentarte mit Kumquat-Orangen-Sauce

Für 4–6 Personen

40 Minuten plus 15 Minuten Backen

1 Tarteform (20–22 cm Ø)

Für die Tarte
100 g dunkle Schokolade (70 % Kakaoanteil), 100 ml Sahne, 100 g Butter,
2 EL frisch gebrühter Espresso
Butter und Teffmehl für die Form
3 Eier, 1 Msp. Salz, 60 g Roh-Rohrzucker, 1 EL Vanillezucker,
80 g Teffmehl, 1 TL Weinstein-Backpulver, 60 g Mandeln, gemahlen

Für die Kumquat-Orangen-Sauce
4 Kumquats, 250 ml frischer Orangensaft, 75 g Zucker, 1 kleine Zimtstange,
1 Gewürznelke, 1 Sternanis, 1 EL Speisestärke
Puderzucker zum Bestauben

Die Schokolade in Stücke brechen und mit der Sahne in einen Topf geben. Bei niedriger Temperatur unter Rühren schmelzen lassen. Vom Herd nehmen und die Butter unterrühren. Dann den Espresso hinzufügen und etwas abkühlen lassen.

Den Backofen auf 180 °C Ober-/Unterhitze vorheizen. Die Form mit Butter fetten und mit Teffmehl ausstreuen. Kurz in den Kühlschrank stellen.

Die Eier trennen. Zwei Eiweiß mit dem Salz zu Schnee schlagen. Das Eigelb und das restliche Eiweiß mit dem Zucker und Vanillezucker cremig aufschlagen. Mit der Schokoladenmasse mischen. Teffmehl, Backpulver und Mandeln unterziehen. Den Eischnee unterheben und in die Form füllen. Die Masse im Backofen auf der mittleren Schiene etwa 15 Minuten backen.

Für die Kumquat-Orangen-Sauce die Kumquats gut waschen, in Scheiben schneiden, falls nötig entkernen. Mit Orangensaft, Zucker, Zimtstange, Gewürznelke und Sternanis in einen Topf geben und einige Minuten köcheln lassen. Zimtstange, Gewürznelke und Sternanis wieder entfernen. Die Speisestärke mit 2 EL Wasser glatt rühren und die Sauce damit binden. Alles kurz aufkochen, vom Herd nehmen und abkühlen lassen.

Zum Servieren die Schokoladentarte leicht mit Puderzucker bestauben und die Kumquat-Orangen-Sauce dazu reichen.

Reistorte mit Beeren

Für 4–6 Personen 35 Minuten plus 20–25 Minuten Kochen und 20 Minuten Backen

1 Springform (20 cm Ø)
450 ml Milch, abgeriebene Schale von 1 unbehandelten Zitrone,
90 g Rundkornreis (Milchreis), 25 g Zucker
2 Eigelb, 2 EL Puderzucker, 1 TL Mehl, 1 EL Speisestärke, 2 TL Vanillezucker
200 g gemischte Beeren, gewaschen und geputzt (oder TK-Ware, aufgetaut),
1 Päckchen roter Tortenguss, Schlagsahne (nach Belieben)

In einem Topf 250 ml Milch mit der Hälfte der Zitronenschale aufkochen. In einem Sieb den Reis unter fließendem kaltem Wasser abbrausen, dann zur Milch geben, einmal durchheben und abgedeckt 20–25 Minuten bei geringer Temperatur kochen. Den Zucker unterrühren.

Die restliche Milch (200 ml), Eigelb, Puderzucker, Mehl, Stärkemehl, Vanillezucker und die restliche Zitronenschale in einen Topf geben und unter ständigem Rühren bis knapp unter den Siedepunkt erhitzen. Vom Herd nehmen und einige Minuten weiterrühren. Die Creme unter den Reis ziehen.

Den Backofen auf 180 °C Ober-/Unterhitze vorheizen. Die Springform mit Backpapier auslegen, dazu den Boden und den Rand maßgerecht zuschneiden. Die Reiscreme einfüllen und im vorgeheizten Backofen etwa 20 Minuten backen. Herausnehmen und in der Form etwas abkühlen lassen, dann vorsichtig aus der Form lösen und auf einen Kuchenteller setzen.

Die Torte mit den Beeren belegen. Den Tortenguss nach Packungsanleitung zubereiten und den Reiskuchen damit bedecken. Nach Belieben mit Schlagsahne servieren.

Indischer Maispudding

Für 4 Personen 20–25 Minuten plus 2 Stunden Kühlen

500 ml Milch, 50 g Maismehl, 100 ml Sahne, 40 g Roh-Rohrzucker
50 g Mandeln, gehackt, 50 g Rosinen, 2 EL Rosenwasser, 1 Msp. Kardamom,
Früchte der Saison, gewaschen und geputzt, 3 EL Pistazien, gehackt

In einem Topf die Milch mit dem Maismehl verrühren. Die Sahne und den Zucker unter Rühren hinzufügen und zum Kochen bringen. Unter ständigem Rühren 8–10 Minuten köcheln lassen.

Mandeln, Rosinen, Rosenwasser und Kardamom hinzufügen. Die Masse in vier Schälchen füllen und mindestens 2 Stunden kühl stellen, dann stürzen. Mit Früchten der Saison anrichten und mit Pistazien garnieren.

Schweizer Brottorte

Für 4–6 Personen 30 Minuten plus 10 Minuten Einweichen und 45 Minuten Backen

1 Tarteform (22 cm Ø)
600 ml Milch, 150 g altbackenes Brot, Butter und Mehl für die Form
100 g Schokolade, 80 g gemischte Trockenfrüchte, 3 EL Grappa
25 g weiche Butter, 2 Eier, 70 g Roh-Rohrzucker, 1 EL Vanillezucker,
50 g Buchweizenmehl, 2 TL Weinstein-Backpulver, 40 g Mandeln, gemahlen,
½ TL abgeriebene unbehandelte Zitronenschale

In einem Topf 500 ml Milch zum Kochen bringen. Das altbackene Brot in eine Schüssel geben und mit der heißen Milch übergießen. Etwa 10 Minuten einweichen lassen, dann pürieren. Die Tarteform mit Butter fetten und mit Mehl bestauben, dann kurz in den Kühlschrank stellen. Den Backofen auf 185 °C Ober-/Unterhitze vorheizen.

Die restliche Milch (100 ml) erhitzen. Die Schokolade in Stücke brechen und darin schmelzen. Die Trockenfrüchte klein schneiden und mit Grappa übergießen.

Die pürierte Brotmasse, die Schokoladenmilch und die Trockenfrüchte mit dem Grappa in einer Schüssel mischen. Die weiche Butter, Eier, Rohrzucker, Vanillezucker, Buchweizenmehl, Backpulver, Mandeln und Zitronenschale hinzufügen und gut verrühren. Die Masse in die Tarteform geben, glatt streichen und im Backofen auf der mittleren Schiene etwa 45 Minuten backen. Für die Garprobe ein Holzstäbchen in die Mitte der Brottorte stechen; haftet beim Herausziehen kein Teig mehr daran, ist sie gar. Dann herausnehmen und abkühlen lassen.

TIPP: Anstelle der gemischten Trockenfrüchte können auch nur Rosinen verwendet werden. Zur Brottorte passt ein Obstsalat aus frischen Mispeln.

Für 6 Personen
400 g Rhabarber, 4 EL Grenadinesirup
Butter für die Formen
50 g Buchweizenmehl, 30 g Dinkelvollkornmehl, 40 g Mandeln, gemahlen,
40 g Mandeln, gehackt, 75 g Roh-Rohrzucker, 90 g Butter
Puderzucker, Zimt und Schlagsahne (nach Belieben)

20 Minuten plus 3–5 Minuten Kochen und 20–25 Minuten Backen

Rhabarber-Crumble

Den Rhabarber waschen, abziehen und in 2–3 cm große Stücke schneiden. Mit 200 ml Wasser und Grenadinesirup in einen Topf geben und 3–5 Minuten kochen. Die Stücke sollten nicht zerfallen.

Den Backofen auf 175 °C Ober-/Unterhitze vorheizen. Den Boden von sechs kleinen feuerfesten Gläsern (oder eine Auflaufform) mit Butter fetten.

Die beiden Mehlsorten, Mandeln, Rohrzucker und Butter zu einer krümeligen Masse verarbeiten.

Den Rhabarber in die Gläser geben, die Krümelmasse darauf verteilen und im Backofen auf der mittleren Schiene 20–25 Minuten backen. Etwas abkühlen lassen.

Lauwarm oder kalt mit Puderzucker bestauben und nach Belieben mit Zimt bestreuen sowie mit einem Klecks Schlagsahne garnieren.

Süßer Reis mit Blutorangengelee

Für 4 Personen

30 Minuten plus 20–25 Minuten Kochen, 10 Minuten Einweichen und 3–4 Stunden Kühlen

½ Vanilleschote, 375 ml Milch, 1 Msp. Salz, ½ TL abgeriebene unbehandelte Orangenschale, 20 g Butter, 100 g Rundkornreis (Milchreis)
4 Blatt weiße Gelatine, 2 Eigelb, 85 g Zucker, 125 ml Sahne
3 Blatt rote Gelatine, 175 ml frischer Blutorangensaft, 1 EL Vanillezucker, 2 EL Campari, 4 TL Pistazien, gehackt, frischer Waldmeister (nach Belieben)

Die Vanilleschote längs aufschneiden und das Mark herausschaben. Beides mit der Milch, dem Salz, der Orangenschale und der Butter zum Kochen bringen. In einem Sieb den Reis unter fließendem kaltem Wasser abbrausen, dann einstreuen, kurz aufkochen lassen, einmal durchheben und abgedeckt bei geringer Temperatur ohne Umrühren 20–25 Minuten kochen. Der Reis sollte weich, aber noch bissfest sein.

Die weiße Gelatine 5 Minuten in kaltem Wasser einweichen, ausdrücken und bei geringer Temperatur in einem kleinen Topf auflösen. Eigelb und Zucker schaumig schlagen. Beides unter den warmen Reis mischen. Die Sahne steif schlagen und behutsam unterheben. Die Masse in vier hohe Gläser füllen und 2 Stunden im Kühlschrank fest werden lassen.

In der Zwischenzeit die rote Gelatine 5 Minuten in kaltem Wasser einweichen, ausdrücken und im leicht erwärmten Blutorangensaft auflösen. Vanillezucker und Campari hinzufügen. Die Masse auf den fest gewordenen Reis geben und weitere 1–2 Stunden kühl stellen, bis auch der Blutorangensaft steif geworden ist. Mit gehackten Pistazien bestreut servieren und, nach Belieben, mit frischem Waldmeister garnieren.

TIPP: Anstelle von Campari kann man auch 1–2 TL Waldmeistergelee in den Blutorangensaft rühren, dann ist das Rezept auch für Kinder geeignet.

Schokoladen- und Sternanisreis mit Mango

Für 4 Personen

35 Minuten plus 18 Minuten Kochen

150 g Klebreis
1 Mango
200 ml Sahne, 20 g Zucker, 2–3 Sternanis, 1/3 Vanilleschote, 25 g Butter
100 g dunkle Schokolade (70 % Kakaoanteil), 1 EL frisch gebrühter Espresso
4 Sternanis, Vanilleschoten und Zitronenmelisse (nach Belieben) zum Garnieren

In einem Topf 525 ml Wasser zum Kochen bringen. In einem Sieb den Klebreis unter fließendem kaltem Wasser abbrausen und hineingeben. Einmal durchheben und abgedeckt ohne weiteres Umrühren etwa 18 Minuten kochen. Dann auf zwei Schüsseln verteilen.

Die Mango schälen, das Fruchtfleisch vom Stein schneiden und klein würfeln. Kühl stellen.

In einem kleinen Topf 100 ml Sahne mit Zucker, Sternanis, Vanilleschote und ausgeschabtem Vanillemark unter gelegentlichem Rühren einige Minuten köcheln lassen. Vom Herd nehmen und noch kurz ziehen lassen. Die Butter in die warme Sahne rühren. Mit einer Portion Reis vermengen. Sternanis und Vanilleschote entfernen und die Masse abkühlen lassen.

Die Schokolade in Stücke brechen, mit der restlichen Sahne (100 ml) in einen Topf geben und unter Rühren schmelzen lassen. Den Espresso hinzufügen und den Topf vom Herd nehmen. Mit der zweiten Portion Reis vermischen und abkühlen lassen.

Den Schokoladenreis in vier hohe Gläser füllen, dann die Mangowürfel darauf verteilen und mit dem Sternanisreis abschließen. Das Dessert mit je einem Sternanis garnieren (nach Belieben auch mit Zitronenmelisse und mit Vanilleschoten dekorieren).

Rezeptregister

T

V

W

Y

Z

Sachregister

Gefettete Seitenzahlen verweisen auf Einträge in der Warenkunde.

A

B

C

D

H

I

J

K

L

M

O

P

Q

R

S

Bezugsquellen

Viele der in diesem Buch verwendeten Produkte sind nicht nur in den üblichen Bio-Märkten erhältlich, sondern auch schon in Drogeriemärkten wie DM. Schauen Sie sich auch auf Ihrem Wochenmarkt und in Ihrer Umgebung um - einen örtlichen Anbieter von Getreideerzeugnissen findet man schneller als gedacht. Die folgenden Adressen dienen als erste Orientierungshilfe.

Aufbewahrung von Getreide
www.getreidemuehlen.de
www.muehlenprofi.de

Exoten
Canihua
www.amazon.de
www.schnitzer.eu
Schwarzer Piemontreis
www.amazon.de
www.schlemmerherz.de

Getreidemühlen, Flockenquetschen
www.backdorf.de
www.getreidemuehlen.de
www.muehlenprofi.de
www.schnitzer.eu

Getreide & Co.
ALNATURA Produktions- und Handels GmbH
www.alnatura.de

RAPUNZEL Naturkost GmbH
http://shop.rapunzel.de/

Keimgeräte & -sets
www.amazon.de
www.getreidemuehlen.de

Bildnachweis

Ähren-Illustration: © www.fotolia.de/Kreatiw

„Glutenfrei-Symbol“: Deutsche Zöliakie Gesellschaft (DZG). Die DZG führt das „Glutenfrei-Symbol“ als eingetragenes Warenzeichen in Deutschland und vergibt es an nationale Hersteller und Vertriebe glutenfreier Lebensmittel. Bevor ein Lizenzvertrag abgeschlossen werden kann, ist eine Gluten-Analyse der betreffenden Produkte erforderlich.

Dank

Mein besonderer Dank gilt Annika Genning, die das Konzept zu diesem Buch mit mir entwickelt hat. Ohne sie und die umsichtige Gesamtredaktion von Eva Salzgeber, die als Programmleiterin stets die Qualität im Blick hatte, wäre dieses Buch nicht denkbar.

Renate Kissel

Schnitzer
mühlen & flocker
Der Pionier im Mühlenbau mit Erfahrung seit 1968 präsentiert:
Die neue Vario!
Die Vielseitige
für Mehl, Schrot und Flocken
Schnitzer
Vario
Unsere
Rohstoffe:
Bioplus® Weizen | Bioplus® Dinkel | Bioplus® Rogge
Bio Hafer | Bio Sesam | Bio Sonnenblumenkern
Bio Leinsamen | Bio Kürbiskerne | Bio Canihua
Die Kombimühle mit Metall- oder Vollholztrichter
Mahlen oder Flocken
Durch einfaches Drehen des Trichters wählen Sie die Funktion der Vario
Getreide-Stopp-Funktion
Portionieren Sie das im Trichter befindliche Mahlgut nach Ihren Wünschen
Abnehmbarer Trichter
Der Trichter lässt sich zum Wiegen einfach verschließen und abnehmen
Edles Vollholzgehäuse
Das Gehäuse aus Buchenholz ist erhältlich mit Säulen in Natu
und Kirsch
Schnitzer GmbH & Co. KG | 77656 Offenburg | Tel.: 0781 50475-00 | www.schnitzer.eu